政党経営文化論

岡野裕元［著］

成文堂

はじめに

基底にある現代政党の組織文化とは、いかにしてマネジメントされているのか。日本では、政府に対する国民からの信頼が低いだけでなく[1]、いずれの政党も支持しない無党派層が多い[2]。国民自らが積極的に政治参加するわけでもなく[3]、各種選挙での投票率も低下したままである。有権者の政治参加がさらに停滞することで、政党が果たすべき統治機構と市民社会の間でのリンケージや、委任と責任の連鎖が機能しにくくなると、有権者の政策選好と政治家の応答性との間で深刻な乖離が生じる。筆者は、こうした乖離の背景に、候補者予備群のパイ自体の縮小と質、それに続く政党組織による候補者リクルートと教育が関係していると考えている。すなわち、人材の供給サイドの在り方に関心がある。

本書の目的は、現代日本の政党組織を対象に、候補者リクルートと候補者予備群・議員教育の実態を中心として明らかにすることである。言うまでもなく現代の政党組織は、国政の一九九〇年代の政治改革で、候補者本位から政党本位へと目指して行われたこともあり、主要な政治アクターの一つとなっている。とはいえ、代議制民主主義の担い手である政党組織と構成員である議員の質は、中長期的視点からすると、人材発掘と研鑽によって変容する。見方を変えると、構成員が組織固有の文化を習得する過程に該当する。それと同時に、時間を要するが、組織が変容する好機と危機でもある。

そもそも「組織の変容は、一つには意図的な選択と、もう一つにはアクターの『拘束された合理性』と組織への圧力の多重性を原因とする予見不可能な結果の両方が重なり合って生まれるもの」である。[4] 両者のうちマネジメントの考え方は、「組織の変容を意図的で自覚的な選択の結果と捉える」という前者の見方をする。[5] 組織論の教科書によると、「組織の変革とは、組織文化の変革でもある」[6]。人材の流動は、まさに組織の在り方のターニングポイントの一つである。ゆえに、政党組織の候補者リクルートと候補者予備群・議員教育を本当の意味で理解するには、背景となる組織文化の概念に着目する必要がある。

本書の特徴は、大政党だけでなく中小政党、国政だけでなく地方政治も範囲とし、国会・地方議員と政党職員の証言を積極的に取り入れ、政治学だけでなく経営組織論の知見も一部参照した質的研究である。中小政党を対象とする理由は、連立政権が定着したことにある。中小政党の存在は、連立政権の安定性や政権存続（例、二〇二四年一〇月衆院選以降の国民民主党のプレゼンス向上）を考える上で無視し得ない。地方政治も対象とする理由は、地方議会の役割強化（地方議員の権力強化）が行われたこと、地方議員が国会議員の人材供給源となっている実態が続いていることなどにある。地方政治が起点であるならば、時間軸と空間軸の両方を従来の国政中心から拡大して分析する必要がある。

以上のような本書の目的と特徴を達成するためには、各党の情報公開が必須である。現在の政党組織（議員団、党官僚制なども含む）は、納税者たる国民からの税金を原資とする多額の政党交付金が交付されている以上、半ば「公務員」のような側面も持ち合わせる。しかし、政党の情報公開は、政党自身の裁量に大きく任せられており、「民主主義の学校」である地方政治レベルほど消極的である。国民への積極的情報公開、及びそこから政治学者の手による社会への知の還元ができておらず、ブラックボックス化している。筆者は、こうした諸障壁を乗り越えるに当たり、朝日新聞社「論座」での「『政党』としての公明党〜一学究の徒の政治学研究」という連載（二〇二二年一月二八日～二〇二三年四月一九日、全二六回）執筆時に、政治学の学術的視点から各党へ取材する機会に恵まれた。本書は、連載内容を大幅に再構成し、書籍化したものである。[7] 各章では、序章で概要を紹介するが、相対的に報道でニュースバリューになりにくいだけでなく、「政党内部の話」であるがゆえに、先行研究や従来の教科書で扱いにくかった分野に光を当てた。第1章以降については、教科書（政治学、政治過程論、地方政治など）$+\alpha$の一冊としても御利用いただければ大変幸いである。

本書が政治学の一隅を照らし、議会制民主主義の友として歴史を紡ぐ一助となることを願う次第である。

（1）日本経済新聞社政治・外交グループ［編］『Reading Japanese Politics in Data データで読む日本政治』日経BP、二〇二二年、二九六–二九九頁。
（2）同上、二八〇–二八三頁。
（3）同上、三〇〇–三〇三頁。
（4）A・パーネビアンコ（村上信一郎［訳］）『政党』ミネルヴァ書房、二〇〇五年、二四七頁。
（5）同上、二四五頁。
（6）桑田耕太郎・田尾雅夫『組織論［補訂版］』有斐閣、二〇一〇年、一八七頁。
（7）序章の一部と第4章第1節は、書き下ろし。

二〇二五（令和七）年一月七日　芹乃栄

湯島にて一学究の徒として　岡野　裕元

目次

序章　政党の組織文化はいかにつくられるのか

1　本書の目的と関心事項

本書の目的は、国政・地方政治の両領域にまたがる現代日本の政党組織を対象に、候補者リクルートと候補者予備群・議員教育の実態を中心として明らかにすることにある。その際、組織文化の要因に注目している。具体的な分析方法は、国会・地方議員と政党職員の証言を積極的に取り入れ、政治学だけでなく経営組織論の知見も一部参照した定性分析である。各党（自由民主党、公明党、立憲民主党、日本維新の会、国民民主党、日本共産党及び社会民主党）に御協力いただき、全て実名で掲載している。なお、氏名の表記方法は、学術書と同様、原則として敬称を省略している。議員と政党職員については、取材時の政党名や肩書を付している。

統治機構改革による影響力の変化

はじめに、なぜ本書では、中小政党と地方政治も範囲としたのか。それは、平成期の統治機構改革により、各アクターの影響力が変化したからである。

政治力を増した第一のアクターは、内閣総理大臣とその周辺部である。とりわけ歴代最長となった安倍晋三政権での官邸主導は、顕著であった。こうした状況をもたらしたのは、まず行政改革である。中央省庁等改革による省庁再編では、内閣府が設置され、内閣官房の機能強化が図られた。さらに、公務員制度改革もその後に行われ、内閣人事局が設置されるに至った。こうした組織機構と人事の制度設計面だけでなく、実際の制度運用面も官邸機能強化へとベクトルが動いた。

政治改革も寄与した。政策本位で政党が競合することにより、政権交代可能な二大政党制の構築が目指され、選挙制度改革の帰結として、二度の政権交代が起きた。小選挙区比例代表並立制という選挙制度では、党首の顔や政策パッケージが重要性を増し、派閥の存在感も薄れた。結果として、党首としての内閣総理大臣と総理を支える周辺が力を持つに至った。

とはいえ、その一方で日本の国会には、衆参それぞれに自律的な国会運営、会期不継続の原則、会期日数の短さなどの特徴が依然として残されたままであった。これらは、政府・与党二元体制と与党事前審査制の維持を促した。さらに、幾度か生じた「ねじれ国会」においては、「強い参議院」の存在が表面化した。いずれも官邸主導を制約する側面といえる。

統治機構改革における環境変化で政治力を増した第二のアクターは、首長と地方議員である。地方分権改革と三位一体改革により、中央・地方の行財政面のつながりが大きく変化し、地方の自律性が拡大した。具体的には、一九九五年から六年間続いた第一次地方分権改革で、国と地方の関係がそれまでの上下から対等になった。これによって地方を統治する首長の存在感が強まった。また、地方自治法の法改正などの推移を現在までたどると、地方議会（地方議員）に対して梃入れを行い、その強化を意図している。現在進行形で地方議会改革と地方選挙改革が叫ばれているのは、この文脈につながる。

国会議員と地方議員のリンケージの弱まり

このように、政治改革、選挙制度改革、行政改革、地方分権改革、公務員制度改革などが次々と行われた結果、首相官邸と首長・地方議会（地方議員）がそれぞれの領域で力を増すことになった。と同時に、政治改革と選挙制度改革によって、国会議員と地方議員のリンケージが総体として弱まりやすい環境にもなった。

地方議員・政党職員の存在は、党員数の増加が望めず、団体組織率の低下に直面する現代政党組織にとって、相対的に有力な人的資源である。資源には、希少性のほか、依存と制約の両面の性格を持ち合わせる。中選挙区制下の衆院選では、同じ自民党の候補者同士が激しく競合する環境にあった。選挙で勝利するためには、個人後援会の構築だけでなく、地方議員を系列化し、維持する必要に迫られた。地方議員も戦略的にこの系列関係を利用した。しかし、小選挙区制が導入された結果、「衆議院議員は、選挙区内のすべての自民党系の地方議員の協力を得ることができるようになり、系列を維持するインセンティブが弱まった[1]」。

こうして（圧倒的に数が多い自民党や保守系無所属の）地方議員は、より自律化した。他方、行財政面での中央・地方関係については、地方分権改革以前よりも分離が進行しているとはいえ、依然として融合したままの面も持ち合わせている。本来の望ましい地方行財政とは、一般財源・自主財源・経常財源（反対の概念として、特定財源・依存財源・臨時財源）の地方税であるべきだ。しかし、現実は多くの自治体が依存財源に頼っている。このことは、「代表なくして課税なし」という民主主義の本質と抵触する。

二大政党の中央・地方対立の表面化とコミュニケーション空間

では、弱まった政治面での中央・地方関係のリンケージを補う存在として、どのようなアクターが考えられるであろうか。その役割を果たすのは、政治改革で政党本位として重視されるようになった政党組織（中央・地方）しかない。問題は、政党がその任に堪えるか否かである。平成時代の二大政党だった自民党と、民主党に源がある政党ともに共通しているのは、相対的に党内の中央・地方関係が上手くリンケージできていない点である。

自民党における中央・地方の組織関係を見ると、県連が自律化する動きもあり、党中央との対立も一部で表面化した。[2]また、国会議員を媒介とする党本部と県連のリンクが弱まり、両者の足並みの乱れが生じたことも少なくない。[3]そもそも自民党の場合、国政での意思決定は、全て国会議員によって行われ、地方側の意向が直接反映されにくい構造がある。くわえて、地方分権改革の中で、自治体の行財政強化の視点から平成の大合併が生じ、自民党と親和性のある保守系無所属議員が大幅に減少した。中央・地方のリンケージは、数の面でも弱体化している。

内閣への政策決定一元化を目指した民主党政権も党内ガバナンスの不全から、政権運営で軋轢が生じただけでなく、党内の中央・地方間の関係で状況が芳しくなかった。[4]それゆえ、民主党では、第3章第2節で言及するように二〇一二年に下野して以降、地方政治との党内コミュニケーション空間の再構築が課題として認知されていた。

中小政党の質的役割

平成期の日本政治史を振り返ると、二大政党へと目が行きがちであるが、実態は中小政党との連立政権の定着でもあった。自民党・公明党（・自由党→保守党→保守新党）と民主党・国民新党（・社民党）の枠組みである。連立政権が続いた要因は、①参議院が自律しており、選挙結果次第で「強い参議院」にもなり得ること、②衆議院と参議院とでは選挙制度や選挙時期（しかも、参議院は半数ずつの改選）が異なり、両院の選挙とも比例代表制の要素を加味していること、③二院制のため頻繁に国政選挙が行われることなどが挙げられる。実際、参議院では自民党が単独で過半数の議席を有しない事態が平成期以降に常態化しており、自民党は数の面からも連立を組むことが迫られた。二〇〇九年衆院選後に民主党が連立政権を樹立するに際しても、参議院の存在が要因となった。いずれにせよ、連立政権による政治が定着したことは、試行錯誤を繰り返しつつも、与党間の調整メカニズムを発達させた。

日本政治には、国政での連立政権の常態化と政府・与党二元代表制という特徴がある。連立政権安定のためには、政党間の調整メカニズムの熟達だけでなく、政党規模を問わず各党内での凝集性の高さや優越連合の安定性も求められる。さらに、日本の二大政党には、党中央・地方組織（国会議員・地方議員）のリンケージの弱さという特徴がある。とすれば、大政党と連立する中小政党が「政治面における中央・地方関係の安定の役割」（国会議員と地方議員が垂直的なタテでなく、水平的にヨコ関係でリンケージする）を担わない限り、国政・地方政治を統合的に見た政治の安定は難しくなる。円滑なコミュニケーションが求められる。それゆえ、現代の中小政党には、議席という数の面だけにとどまらない質的役割が生じている。

本書は、以上の理由から、中小政党と地方政治レベルも射程に入れている。

組織文化の機能と個人への影響

つぎに、なぜ本書では、組織文化に着目したインタビュー調査を積極的に取り入れ、政治学だけでなく、経営組織論の知見も一部参照した定性分析を行うのか。その理由は、コミュニケーションを前提とした候補者リクルートと候補者予備群・議員教育によって、人材の流動化と政党内での変化が生じる以上、経営組織論分野の知見が必要不可欠だからである。そもそも、政党を含めた組織の目的とは何か。それは、組織が掲げる目的の実現を目指すのと同時に、組織を存続し続けることにある。この両目的を達成するためには、組織内において、集合的アイデンティティ醸成とインセンティブ設計の両面に考慮した組織構造と組織デザインが求められる。インセンティブが必要な理由は、大人数の集団である政党組織にとって、集合行為論の問題を解決する上で欠かせないからである。このうち本書では、集合的アイデンティティの観点に重点を置いている。人材の流動性そのものが政党組織にある以上、集合的アイデンティティの価値観をどう伝え、共有するのかという点については、不可欠な行為だからである。

組織構造や組織デザインにしても、組織の基礎単位は集団と個人で構成される。しかし、この両者は、統合と分化で常に緊張関係にある。かつてアダム・スミスは、主著『国富論』（一七七六年）において、分業という分化の恩恵を説いた[5]。しかし、組織内で高度に職務の専門化（分業）が進展し過ぎると、分業で生じる不経済の方が上回り、サイロ・エフェクトの弊害[6]といった統合の問題が生じる。ダンバー数という人的ネットワークの生物学的限界や親密圏の範囲もある[7]。組織の精巧化段階や成熟段階で顕在化する課題である。

そこで注目したいのは、基底にある文化の役割である。文化が組織内で果たす機能は、①境界を定義する役割、②組織のメンバーにアイデンティティの感覚を伝えること、③文化によって個人の興味を超えたもっと大きなものへの関与の促進、④社会システムの安定性の強化、⑤従業員の態度や行動を形成しガイドする管理と意味づけのメカニズムがある[8]。組織論の教科書によると、「組織文化とは、組織の中で、それを構成する人々の間で共有された価値や信念、あるいは、習慣となった行動が絡みあって醸し出されたシステムである」[9][10]。「組織文化が組織の成果に影響を与えるという主張が広まるにつれて、非公式に生まれた文化がマネジメントの対象とされるように」なった[11]。

「組織風土は、やがて組織文化となって、メンバーの行動を制約するのが通常である。規範的な働きをするようになる」[12]。規範とは、政党の凝集性を構成する要素のうちの一つであり[13]、一体性を高める。「凝集性を構成する要素の中で最も根底にあるのは、制度に対する共有された態度」であるため[14]、規範を無視することができない。組織行動学の教科書を参照すると、「凝集性と生産性の関係が、その集団の確立する業務関連の規範によって決まることは、さまざまな研究において証明されている。集団凝集性が高いほど、メンバーは集団目標に向かって努力する」ことが判明している[15]。このように組織文化から規範・連帯感が形成されることで、（政党）組織の一体性に影響を及ぼすのである。

組織文化は人々の行動に影響を与え、組織（集団となった人々）自身も組織風土を日々再生産する。それゆえ、組織文化のマネジメントの方向性は、文化の定着と変革が求められる[16]。「組織文化は成文化されていないから、目に見えない、具体的な形象をもたないことが、その特徴でもある[17]」。「具体的には、組織の儀礼、組織で共有されている価値、組織における無意識な前提、組織アイデンティティなどが組織文化の内容といえる[18]」。ゆえに、組織が決定前提として無意識のうちに何を共有しているのか、及びその学習と共有手段（組織固有の文化を習得する過程でもある）を知るためには、当事者から丁寧に話を聞く定性分析が必要となる。標榜されていない背後に潜む価値観や暗黙の仮定とは何であろうか。

組織のルーティンは、制度化された諸規則・手続や組織構造だけでなく、メンバー間で暗黙のうちに共有されている組織文化や個人の知識等の形態となっている[19]。そして、当該組織文化の下におかれた個人が総体となって組織を動かす。組織や集団に所属する人間の行動は、情報の扱い方の認識と心理的安全性によっても左右され[20]、再び組織へ「入力」されることで影響を及ぼす。エイミー・C・エドモンドソンによると、「心理的安全性とは、支援を求めたりミスを認めたりして対人関係のリスクを取っても、公式、非公式を問わず制裁を受けるような結果にならないと信じられること」を指し[21]、グループレベルで存在する[22]。心理的安全性が低い場合、次のように学習へも影響を及ぼすことが知られている[23]。

不安は学習を妨げる。神経科学の研究によれば、不安のせいで生理的資源が消費され、ワーキングメモリ（作業記憶）の管理や新情報の処理をする脳領域に資源が届かなくなるという。そのせいで分析的思考、創造的考察、問題解決ができなくなる。不安を感じている人が最高の仕事をしにくくなる所以である。結果として、人が感じる心理的安全性が、学習行動（情報を共有する、支援を求める、試す、など）に対する積極性を強力に決定することになる。心理的安全性は、従業員満足度にも影響する。また、ヒエラルキー（はっきり言えば、それがうまくコントロールされていないときに生み出される不安）があると、心理的安全性は低くなる。

集合的アイデンティティの共有に必要なコミュニケーション

組織の統合、すなわち一体性については、古代ギリシャの直接民主政の時代から問われており、ポリスの方向性を左右するものであった。それゆえ、市民同士が同じ時間をともに過ごし、場を共有するあらゆる機会が重視され（例、演劇鑑賞なども含む）、共同体意識の高揚が意図された。古代ギリシャ以前の時代から存在する「集会デモクラシー」についても、本質的に方向性が同じである。政党政治に置き換わった今日、政党の一体性のためには、規律と凝集性が必要となる。ヒエラルキーの存在を前提とする規律の観点で言えば、党執行部が党員・候補者に対し、権力が伴う公式の階層関係を前提とした統制や制裁・処分を行う方法もある。しかし、組織内での統制を強め過ぎると、心理的安全性が大きく阻害され、コミュニケーションなどによる情報の流通も滞り、結果的に組織全体に悪影響を及ぼす可能性がある。それゆえ、凝集性を高めるためには、インセンティブだけでなく集合的アイデンティティの観点から、規範・連帯感を焦点に、具体的には人材の登用方法や、価値観・政策を学習して共有する手段・機会だけでなく、情報そのものの扱われ方や流通の認識も検討されるべきである。これらは、当該組織文化の影響下で、日常的に行われている行為でもある。

さらに、政党内部での組織学習を考慮する必要がある。その理由は、組織の目的が複数化と複合化しているだけでなく、組織と個人の目的が異なる可能性があるからである。例えばパーネビアンコは、「組織というものは、当初はその創立者たちが共有する一定の目的を実現するために創られたものであり、それゆえ、その目的にもとづいて構造化されていく（ここまでは合理的モデルに依拠する）。しかし時間の経過とともに、組織は自己保存への傾向を強めていく一方で、アクターの側においても目的がしだいに拡散していく（ここは自然システム・モデルに依拠する）」と指摘する[24]。また、「同じ一つの組織の内部においても、しばしば複数の目的が追求される。その目的の数は、ときにはその組織のアクターの数と同じぐらいまで多くなる。それゆえ、いわゆる組織の目的というものは、じつは、あい異なるいくつかのアクターが同時に別個の目的を追求したことから生じた結果、つまりは、そうした複合的な結果を指し示すものであるにすぎない」という見方も存在する[25]。

とはいえ、組織の「『公式』目標は組織に影響を与えつづけていく。そして、組織の創設後も長期間にわたり、組織の内部過程、および組織と外界との関係の双方において本質的な役割を果しつづけていく[26]」。官僚制の逆機能も防ぐ必要がある。ゆえに、政党の一体性のためには、集合的アイデンティティとしての理念やビジョンをいかに学習・共有し、継承・発展していくかが求められる。理念やビジョンは、集団や組織内での前提や規範となる「憲法」[27]のような存在であるが、日常的に活動している中で、所属メンバーが忘れがちになるため、定期的に学習や思い出す機会が必要となる。中央・地方を交えた党内コミュニケーションの在り方が問われる。

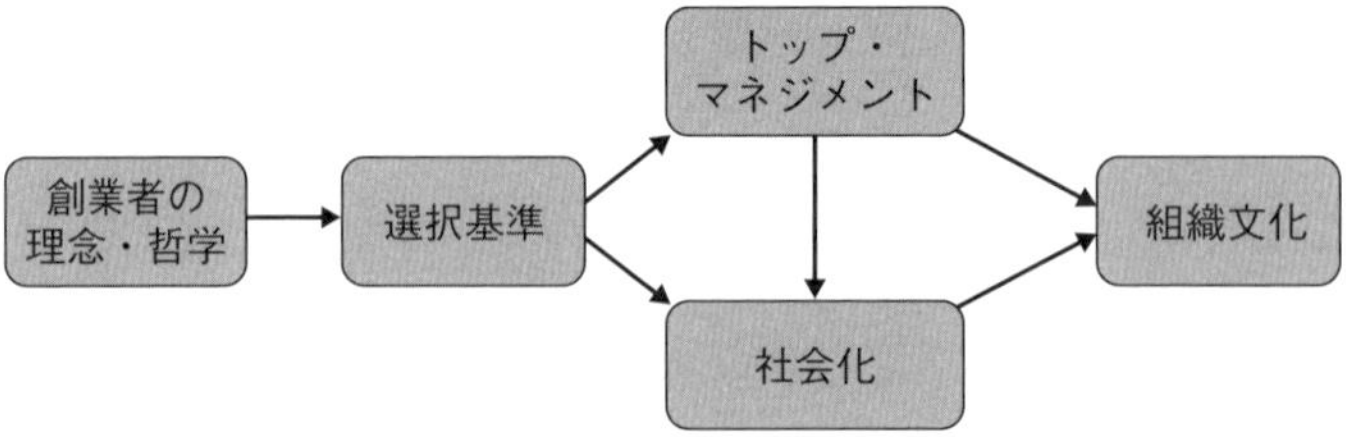

図１　組織文化はいかにつくられるか
スティーブン・P・ロビンス（髙木晴夫［訳］）『組織行動のマネジメント入門から実践へ［新版］』ダイヤモンド社、2009年、385頁（図表14-3）から引用。

デジタルＤＸ化によるコミュニケーション変化の可能性

「コミュニケーションが集団や組織の中で果たす主な機能は四つある。すなわち、統制、動機づけ、感情表現、情報である」[28]。コミュニケーション方法で見逃せない社会的変化は、デジタルＤＸ化で生じた政党組織内への影響である。日本社会全体では、二〇二〇年からの新型コロナウイルス感染症の拡大を受け、それまで停滞していたデジタルＤＸ化が短期間のうちに大きく加速した。その特徴の一つは、組織の意思決定方法だけでなく、働き方や学び方の姿まで短期間で大きく変貌させたことだ。例えば組織の意思決定方法は、会議室の大きさに制約される出席者数、居住地域に左右されがちの出席者の顔ぶれ、移動時間と経済的負担、会議のための事務準備作業などの問題を解放し、意思疎通の物理的・心理的障壁を低下させた。組織論の教科書では、「テクノロジーは当然、文化の成り立ちを規定するようになる。たとえば、コンピュータ化は、組織内部のコミュニケーションの流れを変え、人々の行動様式を変更して、文化を変えることになる。つまり、組織デザインの変更は、その当初は、物理的環境の変更であるが、それは徐々に、行動環境の変更にいたり、新たな組織文化を醸成することになる」と説明される[29]。コミュニケーションの変化による空間軸拡大の影響は、政党組織にも生じないはずはない。

本書は、以上の理由から組織文化の要因に着目した。

最後に、組織文化は、どのように形成され、維持されるのか。一つは、図1のようなマネジメント視点での理解である。いくつかの要素と経路で構成されるが、創業者の理念・哲学（価値観）が集合的アイデンティティの正統な源泉となる。もう一つは、「組織文化は、組織が外部環境への適応や内部の統合に関するさまざまな問題に対処する中で学習した結果として、いつの間にかでき上がってきたものであると考えられ」るとの自然発生的な理解である。(30)ここでは、組織学習が機能したことが示唆されている。

いずれにせよ、組織文化をどう認識するかという点で難しい問題がある。とはいえ、強力な組織文化として成り立たせるためには、それぞれのメンバーが受け止める認知や知覚が互いに相違し無くなるように分散を小さくする必要があり、近接性、同質性、相互依存性、コミュニケーション・ネットワーク及び帰属意識の高揚の五つが関係している。(31)これらも分析において当然に意識されるべき概念である。

2　本書の構成

本書の構成は、次のとおりである。第1章では、決定前提で有意な役割を果たすコミュニケーションを検討する。組織成立のための三条件には、組織目的と貢献意欲以外に、コミュニケーションが挙げられる。(32)政党が歴史を積み重ねることで人事制度が確立していくのと同時に、党内での分化が進展し、セクションの細分化とそれに伴う職務の専門化の結果、政党の官僚制化が生じる（コミュニケーションの問題が発生）。とはいえ、政党組織レベルとして本格的にデジタルDX化が進展するとどうなるか。政党組織は、地方議員や一般党員レベルだけでなく、市民社会に再接近し、党内でも異なるセクション同士でのコミュニケーション活性化が十分あり得る。結束型ネットワークだけでなく、橋渡し型ネットワークも期待できる。行政機関や議会ともスムーズに連携することで、各組織での業務プロセス改革や働き方改革にもつながる。

党内コミュニケーションの在り方が変わるならば、政党が統治機構と市民社会との間をリンケージする機能もある以上、有権者とのコミュニケーションの質や政策へのアウトプットそのものが変わるだけでなく、統治者への監視機能も高まる。意思決定の矛盾を小さくするだけでなく、グローバル化に伴う市民社会の多様で迅速な変化に応答するためにも、党内コミュニケーションの在り方を再検討する必要がある。

第2章では、候補者リクルートを扱う。政党組織は、全国各地に党員と国会・地方議員が存在し、選挙ごとに議員の人材が大幅に入れ替わる流動性がある。それゆえ、組織文化や凝集性を考えるに当たり、第1章で扱う前提となるコミュニケーション活性化の手段としてのデジタルＤＸ化への適応だけでなく、「組織は人なり」の言葉に象徴されるように、当該個人の時間軸の初期に位置する候補者リクルートが問われるべきである。

第3章では、候補者予備群・議員教育の内実を扱う。組織文化の維持や変革で役割を果たすのは、採用の方法（第2章で扱う候補者リクルート）、社会化の方法及びトップ・マネジメントの行動が該当する[33]。このうち社会化と呼ばれる機能については、次の記述がある[34]。

組織がどれほど人材確保と選抜をうまくやったとしても、新しい従業員は組織の文化に十分教化されているわけではない。新しい従業員は組織の文化に最もなじみが薄いため、既存の習慣や考えを妨害する可能性が非常に高い。したがって、組織は新しい従業員が組織の文化に適応するよう援助したいと考える。このような適応プロセスは社会化と呼ばれている。

社会化を考えるときに銘記すべきは、社会化の段階で最も重要なのは組織に入った時点であるということだ。この時点は外から入ってきた新しい従業員を組織が「良い状態」に変えようとするときである。重要な行動や中核的役割行動を学ぶことに失敗した者は、組織になじまない人物、あるいは反乱分子とみなされ、最終的には排除される。しかし、明確な形ではないかもしれないが、組織は従業員が組織内にいる間ずっと全従業員を社会化しようとする。この継続的プロセスは文化を維持するうえで役に立つ。

候補者予備群・議員教育は、まさに当該時期の初期段階での実施に重点が置かれている。候補者リクルート（第2章）と候補者予備群・議員教育（第3章）はセットであり、本書が最も注目するのはこの両章である。政治学の研究でも蓄積の余地が残されている分野であり、本書の学術的貢献の一つである。

第4章では、党員や政党職員のレベルまで時間軸と空間軸を広げ、社会化の手段について検討している。「文化はいくつかの形態で従業員に伝授されるが、特に有効な形態は、エピソード、儀式、シンボルとなる具体物、および言語である[35]」。組織文化の定着を図るには、こうした視点での確認も必要となる。この章では、比較分析のレベルまでには至っていないが、組織政党を事例に紹介する。今後の研究蓄積が求められる分野である。

第5章では、トップリーダーや集団による優越連合[36]のマネジメントの前提となる認知について、中小政党の党執行部議員に対し、地方政治レベルからの党内コミュニケーションと選挙制度を中心に問うている。認知を問う理由は、意思決定のプロセスが問題認識、選択肢の生成及び選択肢の選び出しからなるためである[37]。地方政治と中小政党に注目する理由は、本章第1節で説明したとおりである。この章では、各議員へ同じような質問を行った上で、インタビュー形式で掲載している。特に地方選挙制度の認知については、管見の限り、各党幹部が正面から回答したものがこれまで余りなかった。それゆえ、地方政治分野の貴重な資料である。

本書の限界は、次の三点である。第一に、政党組織の在り方に影響を及ぼす各党の発生期（結党期）[38]から、その後の制度化に至る過程の議論を十分扱えていない点である。組織の発展段階（企業者的段階、共同体段階、公式化段階及び精巧化段階）[39]のうち、企業者的段階から公式化段階に至るものが該当するだろう。これらは、個別の政党の歴史研究を積み重ねる必要があり、本書で論じられる範囲を超えている。とはいえ、本書を読み進めると明らかであるが、証言した者の多くが党の歴史について無意識のうちに言及している。また、精巧化段階や成熟段階（組織文化が環境適応について機能障害を起こす時期）[40]における政党組織研究と位置づけることが可能だろう。

第二に、トップリーダーである党代表への取材が福島瑞穂党首（社民党）を除き、できていない点である（公明党の石井啓一氏については、後に代表となっている）。組織論の視点で見ると、組織の方向性に決定的な影響を与え、その後の組織の在り方に痕跡を残すのは、創業者である。また、「組織文化は、組織が外部適応や内部統合していく過程で、リーダーシップ行動と密接な関係をもって形成され、また変化していく」[41]。「組織文化の形成・変化に最も大きな影響を与えるのはリーダーシップ」であると理解される[42]。しかし、政治学視点で見ると、政党組織の場合は、特定の個人一人の指導者というよりも、集団による優越連合と捉える見方がある。この点、本書では、中核となるメンバー、すなわち党役職者に対して取材を行うことができており、優越連合によるリーダーシップの行使という観点で把握可能である。

第三に、本書の内容が主に取材時点での政党システム（政党数と各党議席数）と政治・社会情勢に規定されている点である。記事の連載期間中は、新型コロナウイルス感染症の流行とロシアによるウクライナ侵略戦争の開始があった。大型選挙（二〇二一年一〇月衆議院選挙（岸田文雄総理大臣）以降）は、参議院選挙（二〇二二年七月）と統一地方選挙（二〇二三年四月）の二つがあった。自民党と野党の「一強多弱」の国政議席状況が続いた。しかし、連載終了後の政治情勢は、二〇二三年一一月に表面化した自民党の派閥の政治資金パーティーをめぐる事件（裏金問題）をターニングポイントとして変化しており、二〇二四年一〇月衆議院選挙（石破茂総理大臣）を最たる事例として自民党が選挙で負けることも目立ち、一強が崩れた。逆説的であるが、予期していなかった一強多弱末期の各党の党内状況を比較することができている。

以上の点に留意していただければ幸いである。

（1）中北浩爾『自民党―「一強」の実像』中央公論新社、二〇一七年、二六七頁。
（2）笹部真理子『「自民党型政治」の形成・確立・展開―分権的組織と県連の多様性―』木鐸社、二〇一七年、二二一-二二三頁。
（3）中北浩爾、前掲『自民党―「一強」の実像』二七一頁。
（4）ＡＮＮ news ＣＨ「『帰れコール』民主・岡田幹事長に猛烈な野次」二〇一一年二月二六日 https://www.youtube.com/watch?v=s9XZFZiPFpA（二〇二一年一〇月二日閲覧）。
（5）アダム・スミス（山岡洋一［訳］）『国富論　国の豊かさの本質と原因についての研究』（上）日本経済新聞社、二〇〇七年、七頁。
（6）ジリアン・テット（土方奈美［訳］）『サイロ・エフェクト　高度専門化社会の罠』文藝春秋、二〇一六年。
（7）ロビン・ダンバー（藤井留美［訳］）『友達の数は何人？　ダンバー数とつながりの進化心理学』インターシフト、二〇一一年。
（8）スティーブン・Ｐ・ロビンス（髙木晴夫［訳］）『組織行動のマネジメント　入門から実践へ［新版］』ダイヤモンド社、二〇〇九年、三七六-三七七頁。
（9）桑田耕太郎・田尾雅夫、前掲『組織論［補訂版］』一八八頁。
（10）高尾義明が説明するように、組織文化については、多くの研究がされてきたが、統一的な定義が存在しない（高尾義明『はじめての経営組織論』有斐閣、二〇一九年、一二〇頁）。本書では、桑田耕太郎・田尾雅夫の定義を採用した。
（11）高尾義明、前掲『はじめての経営組織論』一二四頁。

(12)桑田耕太郎・田尾雅夫、前掲『組織論〔補訂版〕』一八六頁。
(13)濱本真輔『現代日本の政党政治――選挙制度改革は何をもたらしたのか』有斐閣、二〇一八年、五一-五二頁。なお、同書によると、政党の凝集性の定義で最も共通している要素は、①イデオロギーや政策選好の類似性、②選挙上の目標における共通の利益、③規範、政党への忠誠心及び連帯感である。
(14)同上、五二頁。
(15)スティーブン・P・ロビンス、前掲『組織行動のマネジメント　入門から実践へ〔新版〕』一八四頁。
(16)高尾義明、前掲『はじめての経営組織論』一二四頁。
(17)桑田耕太郎・田尾雅夫、前掲『組織論〔補訂版〕』一八八頁。
(18)宮島喬〔編〕『岩波小辞典　社会学』岩波書店、二〇〇三年、一五七頁。
(19)桑田耕太郎・田尾雅夫、前掲『組織論〔補訂版〕』二九八頁。
(20)フレデリック・ラルー（鈴木立哉〔訳〕）『ティール組織　マネジメントの常識を覆す次世代型組織の出現』英治出版、二〇一八年、三七九頁。
(21)エイミー・C・エドモンドソン（野津智子〔訳〕・村瀬俊朗〔解説〕）『恐れのない組織　「心理的安全性」が学習・イノベーション・成長をもたらす』英治出版、二〇二一年、四〇頁。
(22)同上、三五頁。
(23)同上、三九頁。
(24)A・パーネビアンコ、前掲『政党』一五頁。
(25)同上、一四頁。
(26)同上、一六頁。
(27)例えばピーター・M・センゲは、「学習する組織のディシプリン」の五要素のうちの一つに、共有ビジョンの必要性を挙げる。ピーター・M・センゲ（枝廣淳子・小田理一郎・中小路佳代子〔訳〕）『学習する組織　システム思考で未来を創造する』英治出版、二〇一一年、四三頁。
(28)スティーブン・P・ロビンス、前掲『組織行動のマネジメント　入門から実践へ〔新版〕』二二六頁。

(29) 桑田耕太郎・田尾雅夫、前掲『組織論〔補訂版〕』一九〇－一九一頁。
(30) 高尾義明、前掲『はじめての経営組織論』一二三頁。
(31) 桑田耕太郎・田尾雅夫、前掲『組織論〔補訂版〕』一九一－一九四頁。
(32) 高尾義明、前掲『はじめての経営組織論』一九頁。
(33) スティーブン・P・ロビンス、前掲『組織行動のマネジメント　入門から実践へ〔新版〕』三七九頁。
(34) 同上、三八一頁。
(35) 同上、三八五頁。
(36) A・パーネビアンコ、前掲『政党』四六頁。
(37) 高尾義明、前掲『はじめての経営組織論』五〇頁。
(38) A・パーネビアンコ、前掲『政党』五七頁。
(39) 桑田耕太郎・田尾雅夫、前掲『組織論〔補訂版〕』二七三頁。
(40) 同上、二八一頁。
(41) 同上、二七二頁。
(42) 同上、二八一頁。

第1章　共有手段としてのデジタルＤＸ化と、リアルな場の空気感の役割

決定前提となる公式的な規則や手続に加え、同じ価値観や信念を共有することは、組織にメリットをもたらす。「共通言語が確立されることで組織メンバー間のコミュニケーションが円滑になったり、他のメンバーと同じ価値観を共有していると実感できることは、一体感の醸成にも効果がある」[1]からだ。ほかにも、「他部門とのコミュニケーションにかかる負担も小さくなり、素早く柔軟に調整することが可能」になる[2]。

統治機構と市民社会の間とをリンケージする有力なアクターとしての役割が政党に残り続けるならば、組織内での共有方法、すなわちコミュニケーションの在り方が本質的に問われる。これは、政党の意識が国家への依存（カルテル政党）なのか、それとも有権者との接点を拡大（多段階メンバーシップ政党）するのかを問わない。コミュニケーションは、組織内の調整の役割を担い[3]、他者の決定前提に影響を与えることが組織内での本質である[4]。組織におけるコミュニケーション形態には、公式のネットワークと呼ばれるものがある。例えば公式の小集団ネットワークには鎖型、輪型及び全経路型があり[5]、最適な型は組織ごとに異なる。

翻って見るに、現代の政党組織は、どのようなコミュニケーションタイプを意識しているのだろうか。また、地方議員も含めた党内コミュニケーションを活性化するために、共有手段としてのデジタルＤＸ化に対応できているのだろうか。実はそうしたコミュニケーションツールを積極的に活用する組織文化を有しているのは、組織政党では公明党、議員政党では日本維新の会である。両党には、地方政治発の政党という歴史的背景で共通点があり、コ

ミュニケーションの空間軸を地方議員まで拡大している。誰が政党の「創業者」なのか明確であり、「発祥の地」と称される地域（大阪）さえも同じだ。党創業者の理念・哲学を一言で表現すれば、公明党は「大衆とともに」で、維新は「改革」である。それゆえ、党組織に類似性があるため、比較分析に適している。本章では、コミュニケーションに必要な共有手段に着目し、両党の国政・地方政治の領域にまたがる政策決定の秘訣に迫る。

1　融合する国会議員と地方議員（公明党）

組織政党である公明党の特徴の一つは、「ネットワーク政党」という言葉を様々な場面で多用することにある。すなわち、これが党内で前提として共有されている情報の扱い方の認識である。しかし、公明党のネットワークとはどういうもので、どのように機能しているのだろうか。本節では、コロナ禍での対応を事例にして扱う。

様々な機関に分化した感染症行政の権限

二〇二〇年一月以来、日本では、新型コロナウイルス感染症に対峙することになった。この感染症災害をめぐり、政治・行政の問題点が次々と明らかとなった。その根底は、中央・地方間の行財政や政治の関係の在り方である。

コロナ禍前、感染症分野における日本の特徴は、権限が様々な機関に分化していたことだ。安倍政権期のコロナ対応を分析した竹中治堅は、「首相と知事、保健所を設置する市および特別区の保健所は相互に独立した関係にあり、首相と知事、首相と保健所の間に指揮命令関係は存在しない」とし、「政府内では『安倍一強』と言われるほどの指導力を誇った安倍首相も、感染症対策を立案するためにはそれほど多くの権限を保持していなかった。そして、法律の仕組みの上で、首相が知事や保健所が担当する分野に直接関与することは難しかった」[6]。すなわち、国政・地方両領域の空間にまたがる政治・行政の統治機構のパズルを組み立て、分化を統合する必要があった。

行政のデジタルシステムの分化と紙文化

分化は、行政のデジタル分野も該当していた。デジタルシステムの標準化・共通化・統一化ができていないだけでなく、省庁間の縦割りによる「システム構築の問題以外にも、官公庁は重大な問題を抱えていた。官公庁の業務の効率化や官公庁同士の連携という統合的な視点が欠如していた」[7]。また、「これまで政府と自治体、あるいは自治体同士が行政のデジタル化についてリアルタイムに議論できる場は限られており、これがシステムのサイロ化やデータの分断を生んでいた」[8]。

さらに、現場レベルに至ると、「そもそも保健所の弱点は『ＩＣＴ』である。組織内で完結した独自システムはあるが、クラウドの利用など、外部にもオープンなインターネット環境を主としたシステムへの対応には非常に弱い。そういった意味においては、個人情報を多く持っている、学校や医療機関も同じ状況かもしれない」という指摘がある[9]。

極めつけが行政組織の紙文化である。保健所業務のレベルで次の指摘があった[10]。

一方で、弱みとして挙げられるのが、マネジメントとシステム化、デジタル化の推進である。そもそも保健所は紙が大好きである。発生届、相談記録、訪問記録、母子手帳、予防接種予診票、結核患者管理票（通称ビジブル）、区民の声の回答の決裁、民間委託の仕様書や契約書、ヒヤリ・ハット報告書など、全てが「紙」で管理されている。統一的・画一的・持続可能な対応システムを構築するためのマニュアル作りは苦手なのである。

すなわち、紙文化は、分化を統合する上で大きな制約であり、異なる部署・組織間での円滑なコミュニケーションの障害となった。

政治学・経営組織論視点から見た自民党に残された課題

与党内ではどうだったのか。自民党は、二〇二〇年一月二七日に「新型コロナウイルス関連肺炎対策本部」(「新型コロナウイルス感染症対策本部」)を設置した[11]。また、後に「新型コロナウイルスに関するワクチン対策プロジェクトチーム」も設置し、対応に当たる。とはいえ、振り返るといくつか考えさせられる点が残っている。

第一に、権力の観点で、長期的に見た「強い官邸」や「強い総理」による自民党内の政策決定への影響である。政治学でいう政治的リーダーシップや、コア・エグゼクティヴに付随する話である。一九八七、二〇〇二、二〇一六の各年に、「政策決定で影響力があるのは誰か」を問うた質問では、その経年変化をたどると、政調部会の下落幅が大きい定量データがある[12]。また、「自民党の部会も出席議員が減り、活気を失った。かつては族議員がいて口角泡を飛ばす議論が続いた。今や、首相官邸の意向を受けて各省庁が決めた法案や方針を了承する場になり、元官僚の議員は『議員同士で議論して物を決めている感じがなくなった』と言う」といった指摘もある[13]。第二・三次安倍内閣期の自民党を分析した中北浩爾は、「官邸主導で作成された政策案がスケジュールつきで投入され、修正の余地が乏しくなるなど、審議の形骸化が進んでいる」と指摘した[14]。

第二に、組織デザインの観点で、党本部に設置されたコロナ対策本部への参加メンバーの顔ぶれである。当該活動のニュースが紹介されている党HPを参照すると、関連議員の顔が表示される。そこには、国会議員のみ表示され、地方議員が一人もいない。地方議員がいない場合、現場である住民や自治体関係の生の情報が入りにくくなる。

第三に、共有手段の観点で、自民党内で紙文化が共有されていた点である。自民党は、コロナ禍の二〇二一年二月一〇日、衆院選の選挙公約などに反映させることを目的に、「所属議員らに電話やメール、はがきを利用して要望や政策提言を聞き取って報告するよう指示し」た(15)。「議員1人当たり往復はがき一〇〇〇枚分の費用を党が負担し、来月中旬までに、200字以内にまとめて報告するよう求め」た(16)。仮に紙媒体が主体となる場合、全国規模での迅速な対応に難点が生じる。

公明党の政策実現の経路

他方、公明党は、情報の目詰まり解消の点で、「ネットワーク政党」としての党内組織文化と統一化された党内イントラシステムが重要な役割を果たすことになった。イントラネットとは、分かりやすく言えば組織内限定のプライベートなインターネットのようなものであり、企業や学校でも使用されている。

前提として、自公間の大枠の政策調整は、国政選挙の際の共通公約、及び連立政権を樹立する際の政権合意で行われることを押さえておきたい(17)。官邸から見ると、「公明党から政策への支持を獲得するための主な手段はこれまで与党間の政策調整であった。この調整を通じて、公明党は一部の政策について影響力を及ぼしてきた」と評されることもある(18)。さらに、より詳細に政策調整の経路を見てみると、「公明党自身が独自案を準備したうえで、①国会の本会議での代表質問や予算委員会での質問を通じて政府側へ対応を促す、②官邸側への申し入れ（本・補正予算や政策パッケージ）、③与党内で調整（与党政策責任者会議や与党政策プロジェクトチーム等）し、議員立法を行うという手段」でも影響力を行使している(19)。

公明党は、新型コロナ対応でもこうした経路を存分に活用した。それを支えたのは、公明党が国・地方を問わず、現場からスピーディーに的確な情報が入るネットワークを持っていたことであった。以下、丁寧に見ていこう。

地方議員も交えた公明党の組織デザイン

新型コロナウイルス感染症対応について、組織デザインの観点で、公明党内では次のような体制を整えて対応に当たった。

二〇二〇年一月当初、「党内では、厚生労働部会と新型インフルエンザ対策本部、医療制度委員会が感染の拡大防止へ議論を重ねてきた」が、一月二七日に「新型コロナウイルス関連肺炎対策本部」を設置した。[20] その後、二〇二〇年二月五日に、「新型コロナウイルス感染症対策本部」へ変更している。[21] 公明党機関紙委員会［編］『コロナ禍に挑む公明党の闘い　２０２０-２０２１』によると、党対策本部の事務局長であった高木美智代衆議院議員（当時）が取組の一例を次のように紹介する。[22]

対策本部の会合には、国会議員・地方議員に寄せられた現場の声や党ホームページの特設コーナーに寄せられた要望などを持ち寄り、水際対策や感染拡大防止策、経済対策などを政府側も交えて討議を重ねました。観光業や中小企業など各種団体からのヒアリングも実施してきました。

ここでは、情報源を多元化していた様子が伝わる。

また、公明党は、二〇二一年一月二〇日、ワクチン接種に関して「新型コロナウイルスワクチン接種対策本部」を設置した。[23]「党内にワクチン接種対策本部を設置する意義に関しては、河野太郎行政改革担当相がワクチン接種担当相に、山本博司厚生労働副大臣（公明党）が担当の副大臣に任命されたことを受け『公明党のネットワークを生かすために、ワクチン接種対策本部に地方議員も入り、大都市の人口密集地域や過疎、離島など、それぞれの場所で滑らかに進むようにしていきたい』と力説した」と紹介されている。[24]

実際、新型コロナウイルスワクチン接種対策本部の人事体制は、一一人いる事務局次長のうち三分の一を地方議員が占めており、事務局長代理には医師でもある秋野公造（参議院議員）を据えた。[25] 本部長には石井啓一幹事長、副本部長には竹内議政務調査会長、桝屋敬悟衆議院議員（同本部事務局長も兼任）及び高木美智代衆議院議員という布陣となった。[26] 公明党の組織デザインは、現場視点を持つ地方議員、医学の専門知を有する国会議員、さらに党執行部である幹事長や政調会長を組織し、統合の体制を整えた。

短期間で地方の情報を聞き出すネットワーク力

二〇二一年五月一三日午前は、公明党の中央幹事会の日でもあり、公明新聞の一面準トップには山口代表のあいさつが掲載された。「公明党の地方議員と国会議員のネットワークを生かし、国と自治体の現場の連携を滑らかにして早く接種が進むよう国民の理解を得ながら推進したい」とある。[27] 国と地方のネットワークこそ、コロナ感染症対応で問われた本質的課題の一つにほかならない。

公明党の新型コロナウイルスワクチン接種対策本部は、各都道府県本部にも対策本部を設置している。二〇二一年五月一五日に党本部と各都道府県本部の接種対策本部は、オンラインで第二回全国会議を開催、四四四会場から一一五一人が参加した。[28] この場で本部長でもある石井啓一幹事長は、次のように話した。「高齢者への接種終了時期を8月以降と回答している自治体については、各都道府県本部が▽医療関係者の確保が困難▽医療関係者のワクチン接種が終了していない▽地域医師会との協議が難しい――といった具体的な課題を聴き取り、党本部へ報告するよう要請。寄せられた報告を取りまとめ、『具体的な対策を政府に強く求めたい』と述べた」[29]。

七月末までの高齢者接種完了については、五月二一日に政府が調査結果を再度公表し、改めて一二五の自治体が「難しい」と回答している[30]。しかし、公明党が「接種を終えられない理由を調べ、改善につなげようとしたが、政府がどの自治体が『難しい』と答えたのか情報を開示しなかったため独自に調査」した結果、二四八の自治体が該当し、それは医療関係者の確保が困難であったためだと判明した[31]。

東京・豊島区のワクチン接種体制の事例

公明党が一週間で全国の自治体の情報を聞き出す党独自調査ができた理由は、党が張り巡らしてきた中央・地方間におけるネットワークにあった。具体的にどのような仕組みなのか。自治体間競争となったコロナワクチン接種について、東京都豊島区を事例として政治サイドから考察を深める。結論を先に言うと、公明党がネットワークを生かし、情報の早期キャッチや政策実施で役立てている面を見るとき、国・地方の両方で与党であることの意義は大きかった。共有手段として統一化された党内イントラネットが威力を発揮したからである。

公明党の木下広豊島区議（当時）は、国の新型コロナ対応について現場が抱える悩みを振り返り、次のように明かした[32]。

ワクチン供給は、厚生労働省、ワクチン接種推進担当大臣、首相官邸のいったいどこが押さえているのか。国でガバナンスができておらず、統括できる人がいない。あの太田さんでも分からなかった。

「太田さん」とは、当時、公明党の議長であり、前代表の太田昭宏氏を指す。自民党とのパイプも太く、大ベテランの党幹部であるが、コロナワクチンの全体像把握に苦慮した様子が伝わる。コロナ対応が分化し、現場の地方自治体や国会・地方議員にも混乱が広がっていた。

一・二回目接種時（二〇二一年）のコロナワクチンは、全て輸入に頼っていた。そのため、ワクチン供給は、国から都道府県へ、都道府県から基礎自治体へという一直線の流れとなった。実際、「ワクチンは、国が都道府県への配分量をまず決め、都が区市町村の申請に基づいてさらに割り振る。配分量は1週間単位で決められ」た。[33]豊島区の場合も東京都からのワクチン供給数の情報が入る。したがって、ワクチンの絶対数が確保できているか、自治体でのワクチン接種体制が整っているかという点が、住民のワクチン接種を左右した。

自治体でのワクチン接種体制、いわゆる現場の整備は、各自治体が独自に創意工夫できる。他方、ワクチンの絶対数確保は、そうはいかない。両方とも自治体間で横並び競争が生じた。また、感染症対応については、「今回は政府と地方自治体との関係においても、事務的なチャネルだけでなく、政務ルートで物事が決まることも多かった」のが特徴であった。[34]

自治体でのワクチン接種体制に関して豊島区では、六五歳以上の住民への接種クーポンの発送が二〇二一年五月六日から行われ、個別接種（五月一九日）、集団接種（五月二四日）及び巡回接種（六月三日）という体制を整備した。[35]木下区議によると、公明党豊島区議は、町医者の話を聞きつつ、ワクチン接種の詳細な準備作業を行ったという。

自治体間での水平的競争

豊島区でより問題になったのは、ワクチンの絶対数の確保だった。ワクチン数の申請については、基礎自治体で対応が「絶対に必要な数」（対象者全員）と「二週間で打てる量」とに分かれ、多くが前者を選択した。[36]そのため、四月二六日と五月三日の週に供給されるワクチンのうち、「絶対に必要な数」で申請した葛飾区が最多の四七箱であったのに対し、東京都に従って「二週間で打てる量」を申請した豊島区は最少の三箱となった。[37] こうしてワクチンの確保をめぐり、基礎自治体間の競争の火ぶたが切られたが、これは申請数をめぐるガバナンスができていないことの裏返しでもあった。

ワクチン接種が本格化した五月頃は、自治体から見ると、国からのワクチン配分情報の変更が相次ぎ、本当にワクチンが当該自治体へ搬入されるのか、という課題が浮上した。木下区議によると、「正確なワクチン供給量が分からない。当初の予定よりも入ってこない」点が悩みであったという。実際、「［7月］5日から19日までの間に配られるワクチンの量は希望の半分以下の20箱にとどまることになり」、「区は、個別接種を行っているおよそ200の医療機関に『希望に応じた供給が困難な状況になった』という通知を送」った。[38] 八月にも国からの供給数が大幅に減少するという情報が入り、公明党国会議員が動いた。

ワクチン接種をめぐる首相の思惑と公明党の困惑

ワクチン接種の状況が、内閣支持率の動向に直結しているとの見方もあった。菅義偉内閣の支持率は、ワクチン接種のもたつきを受け、四〇％（二〇二一年四月）から三三％（同年五月）へと低落した。[39] そのため、菅首相は、政治カレンダーをにらみ、[40] 七月末の接種完了にこだわった。結果として、ワクチンの絶対数の不足に困惑する現場との間に、顕著な姿勢の差が生じた。

国政の公明党コロナワクチン接種対策本部が五月一一日に作成した「新型コロナウイルスワクチン接種に関する緊急要望（文案）」という内部文書には、赤字で次の文があり、現場の実態を踏まえた困惑が伝わる。[41]

対策本部注釈：７月末までに高齢者への２回の接種が終えられない市区町村については、国からの前倒し要請により接種計画の見直しが求められている。接種のための医療従事者の確保に当たり、医療従事者自身のワクチン接種がなされていないことが大きな阻害要因となっている。

情報の入手と流通

国・地方における政治・行政の諸課題の解決や統治において、公明党が張り巡らしてきたネットワークを支えているのは、国政・地方とも与党として行政府・自治体執行部から情報を入手していることに加え、それらの諸情報を党内イントラネットで積極的に利活用して流通させている点である。公明党の「党内イントラの導入は、二〇一四年から（二〇一三年にネット選挙が解禁）である。地方議員間の情報交換も行っており、最近ではスマホ対応に進化した。スマホから党内イントラネットを使用する議員も多く、利便性が高い」[42]。

国政・地方の区別なく、様々な情報が融通無碍に党内イントラをかけめぐる。先に言及した「新型コロナウイルスワクチン接種に関する緊急要望（文案）」も統合の役割を担う公明党コロナワクチン接種対策本部がひな形となる文案を作成し、党内イントラに当該文書情報を掲載した。各地方議員は、当該文書内に掲載されている基本バージョンだけでなく、選択バージョンの各項目の様々なメニューを当該自治体の課題にあわせて自由にカスタマイズし、文書を作成する。こうした選択できるメニューが準備できるのは、日常的に地方の実情（地方議員からの情報を収集）をよく知らないとできない。

政策の企画・立案と実施に当たっては、自治体同士で相互参照を行うことが行政学的に知られている。公明党の場合、地方議員がほぼ同じようなタイミング（もちろん日程のズレはある）で首長側へ要望する[43]。この様子は、第４章

第2節で扱う公明新聞で報じられる。しかも、公明党は、地方でも首長与党であるため、影響力を行使できる立場でもある。各自治体は、要望に対応する必要が生じ、場合によっては相互参照が同時多発的・波状的に全国各地で行われ、対応に当たることになる。そのため、国政・地方の区別なく、全国的な大きなうねりとなり得る。

「全国的な大きなうねり」の観点では、地方議会が議決して関係機関へ提出する意見書（地方自治法第九九条）も一手段ではある。保守・革新の双方が用いてきた基本的戦術である。「しかしながら、国会においては、その件名及び提出議会名を衆議院・参議院の公報に掲載し、関係委員会に参考送付するのみで内容の審査等をせず、また、国の関係行政機関においては、実際に国の政策立案等に活用されているかどうかが極めて不透明である」という批判もある。[44] 参議院が受理した意見書の年間受理件数は、二〇〇五年に一万四二二五件、二〇二〇年も六五六四件と多数押し寄せている。[45] 国会・地方議会間の「統合」関係は脆弱だ。

地方議員の疑問や知見も取り入れた情報共有

一般に公明党では、「国の政策の多くは自治体で具体化して取り組んでもらう必要があるため、党内イントラでの最新情報の提供や、地方議員からの問合せに対してその分野を担当する国会議員が答えるという双方向のやり取りを行っている」。[46]

公明党コロナワクチン接種対策本部は、党所属国会・地方議員に向け、頻繁に国のワクチン情報を発信し続けた。地方議員が積極的に当該自治体の抱える悩みや意見などを発信し、それに対して桝屋敬悟氏（当時、副本部長兼事務局長で衆議院議員）が相当丁寧にレスポンスするという対応が繰り返された。国会・地方議員の相互間のやり取りが続き、国・地方双方が抱える課題解決に向けて動いた。竹谷とし子参議院議員は、次のように答える。[47]

例えば、新型コロナウイルスのワクチン接種について、ワクチン調達は国の仕事ですが、実際にワクチン接種を行う「実務を担う」のは基礎自治体ですから、国会議員から国の決定事項について即日、党内イントラで情報提供しています。地方議員からは国の決定を踏まえた上で、現場の課題、例えば国の財源でどこまでカバーされるのか、事例にない費用について国の財源で対応されるのか、接種方法や優先順位の付け方等について自治体で判断が可能か等々、自治体ごとに課題があります。それを党内イントラ上で御質問頂き、担当の国会議員が省庁に確認したり、時には委員会での質問等を通じて確認したり、好事例については横展開できるように紹介するなど、国会議員と地方議員が一体となって進めています。

活動を支えた党内のデジタルＤＸ化

自治体は政策を実施する立場にある。現場に近い地方議員の疑問や知見からは、現場の実情と課題が見えてくる。それを踏まえた全国的な大規模の調整を支えたのは、党内イントラなどのデジタル技術を縦横に活用する党内のデジタルＤＸ化でもあった。

地方議員にとって、国政で得られる正確で迅速な行政情報は、議員自身の議会活動や日常活動を支えるのみならず、側面から首長を支えるという意味でも強みとなる。コロナ禍の感染症行政では、国政・地方や党派を問わず、多くの議員が専門的知見を持たない中で、対応に迫られた。知識が細分化し、職務が専門化している中、今後も他分野で同様事例が生じる。デジタルＤＸ化で情報や対策を共有できる意義は大きい。しかし、単純にイントラのツールがあれば機能するというわけでもない。重要なのは、ツールを運用・使用する人のほか、「共有する」という情報の扱い方の認識や、地方議員へもコミュニケーションの空間軸を広げる組織風土を生じさせ、組織文化から規範・連帯感を定着させることである。そのためには、心理的安全性が担保されていることも必須だ。

公明党の中嶋義雄中央幹事（東京都議会議員）は、党内イントラの意義や利便性を次のように語る。(48)

日常的に新しいツールを使って、意見交換を行って政策提言をお互いに学び合っている。議員同士の交流の補強ツールとして非常に役立っている。今日は、山本香苗参議院議員（当時）が、地方議会に関係ある案件を載せてくれた。国会議員の発信と逆に、地方議員が「ここをなおしてほしい」といったようなやり取りもできている。

公明党本部広報部も運用実態を次のように説明する。(49)

党内イントラでは、全国の地方議員、国会議員が情報共有や意見交換を行っています。その中で、地方議員から国会議員や党本部に対して意見や要望が出ることもあります。時の政治テーマについての最新情報や党の考え方、法案審査の状況、制度の周知、政府への提言や地方議会における意見書の共有、現場の課題の洗い出しなど、党所属議員が距離や立場の垣根を超えてコミュニケーションを図るツールとして機能しています。平素から電話や対面で緊密に連携を図っている党議員のコミュニケーションの補完的な役割を果たしており、党の強みであるネットワーク力を支えるひとつの重要なインフラであると言えます。

政治側からの政策の相互参照ツールとしても機能している。党内コミュニケーションを促す仕組みとなっている。コミュニケーションの空間軸を拡大した情報の非対称性是正の試みは、政官関係や二元的代表制の優劣を考える上でも重要となる。前述したコミュニケーションの型で分類するのであれば、党内イントラの活用は全経路型のコミュニケーションを可能にしている。また、社会的ネットワークの視点でいう橋渡し型ネットワークも可能な仕組みとなっている。

2　国政、地方及び党官僚統合の場、中央幹事会における「優越連合」の形成（公明党）

公明党の地方議員の意見が国政レベルで反映される機会は、本章第1節で扱った党内イントラだけにとどまらない。日常的に最も公式的で影響力があるものとして、制度的に中央幹事会が存在する。本節では、その内実が余り知られていない中央幹事会について扱う。

地方議員を意識した自民党の党則改正

地方議員重視を強める動きは、自民党内でも生じていた。二〇二二年三月一三日に開催された第八九回自民党党大会で了承された党則改正からもそれは鮮明である[50]。

この改正では、四項目が柱となっている。最も注目されたのは、二〇二一年自民党総裁選以来、岸田文雄総理（当時）が掲げていた「役員の任期制限」であった。党役員の任期を「一期一年三期まで」とするもので、背景には二階俊博の幹事長職（安倍晋三と菅義偉の両政権）の長さから生じた弊害があった。相対的に余り注目を浴びなかった他の三つの柱は、①「地方議員センター」の設置、②全国政務調査会長会議等の明記、③自民党ガバナンスコードの策定である。ここで注目したいのは、地方議員を意識した柱が①と②の二つあることである。党改革実行本部の総会では、二〇二二年二月四日、党大会に諮る党則改正案の論点について提示している[51]。両者については、「いずれも地方組織との連携強化を党則上明確にする狙いがあり、地方議員センターは党本部と市区町村議員を含めた地方議員との連携をさらに強める役割を担うこととなります」と党ＨＰで紹介されている[52]。

まず、①の「地方議員センター」について見てみる。設置の目的は、「地方議員への情報提供、意見交換会の開催、ワンストップの窓口などの機能を持つ、地方議員センターを党本部に設置します」とある。[53] 党則上の位置づけは、組織運動本部の地方組織・議員総局の下の主要なセンターの一つという扱いである。[54]

二〇二二年六月に地方議員センターが新設され、同年一〇月に地方議員専用サイトを開設し、翌年に控えた第二〇回統一地方選に向けた党本部と地方組織の一層の連携強化を図ることを目指した。[55] そこで、統一地方選挙後に同センターへの取材依頼を試みたが、「地方議員センターができたばかりでまだ形が整っておらず、取材をお受けできる状況ではない」とのことだった。二〇二二年六月一六日に岸田総裁が自民党本部で地方議員センターの看板掛けを行ったニュースが最後であり、[56] 統一地方選で機能した様子が見当たらない。

とはいえ、インターネット上の情報から、地方議員専用サイトの概要を窺い知ることができた。「地方議員センター会員登録ガイド」を参照すると、会員情報の入力の箇所に、党員番号を入力することになっており、自民党の党籍がある議員が自発的に登録するシステムのようだ。[57] また、「地方議員センターＷＥＢサイト　画面イメージ」を参照すると、党本部が地方議員に提供している情報は、「党決定文書（提言、経済政策等）」、「党活動」及び「議会対応（議会にて可決した意見書）」というメニューがある。[58] この「党決定文書（提言、経済政策等）」は、さらに政策テーマごとに分けており、「予算・税制および公約」、「経済対策・中小企業支援」、「防災・国土強靭化・治安対策」、「少子高齢化・年金・社会保障」、「地方創生・農林水産」、「外交安全保障」、「憲法改正」、「人材育成・教育」及び「新型コロナウイルス感染症対策」の九項目を確認できた。

デジタル化の進展に伴う地方との交流機会の増加

つぎに、②の「全国政務調査会長会議等の明記」について見てみよう。これは、「政務調査会や女性局・青年局の活動をより重視する観点から、全国政務調査会長会議、全国女性局長会議、全国青年局長会議を党則上、明記します」とあり、党内の実態と合わせた改正といえよう。(59)「党則改正について」では、この点について次のように解説している。その一部を紹介する。(60)

○デジタル化が進展し、より頻繁に、党本部と地方組織との情報交換ができるようになった。その一方で、一般の有権者が接する情報の質・量・速度も、飛躍的に向上している。

○こうした中で、党本部での政治・政策の動きを迅速に地方組織に伝えること、地方の声を迅速に党本部で吸い上げる必要性がこれまで以上に高まっている。

たしかに、自民党内では、二〇二〇年からのコロナ禍を契機に、党内のデジタル化を試み、地方組織・地方議員との交流の機会が増えた。例えば菅義偉総裁時代、「菅義偉総裁と都道府県連とのオンライン懇談」が複数回行われた。具体的には、各地域ブロック単位で実施され、二〇二〇年一〇月二五日から、(61)総裁選投開票日（二〇二一年九月二九日）直前の二〇二一年九月一一日まで続けられた。(62)懇談内容の概要を確認すると、コロナに関しても扱っている。

党内会議や議員教育（研修会）も頻繁に行われている。オンライン化の進展に伴い、物理的・心理的障壁が無くなったことで、地方からもより参加しやすくなった。例えば自民党は、二〇二〇年七月七日、「全国から約２００名のオンライン参加を得て、青年局初となる『全国青年部長・青年局長、学生部合同オンライン研修会』を開催し」、「初日は『ニッポンの重要課題』をテーマに、党本部青年局役員が農水・厚労・国交・文科の４分野について講義」をしている。(63)

以上、自民党の動向を概観した。自民党も公明党に遅ればせながらではあるが、地方議員との党内コミュニケーションの空間軸を広げる方向性である。今後、自民党の地方議員センターがどのような役割を果たし、機能が実質化するのかを経過観察する必要がある。

組織内で信頼性を高めるために

以上の自民党内の動向を組織行動学視点で見ると、別の理解が可能である。力の源泉には、公式の力（強制力、報酬力、正当権力及び情報力）と個人的な力（専門力、同一化による力及びカリスマ性）がある。[64] このうち情報力とは、「情報へのアクセスと情報のコントロールから生じる力である。組織において他人が必要とするデータや知識を有する人は、他人を自分に依存させることができる」特性がある。[65] すなわち、「情報は力」という考え方である。「情報は力」で考えるべきは、信頼との負の関係性である。信頼の根底にある主要な要因には、「誠実性、能力、一貫性、忠誠心、開放性の五つの要因が特定されている」[66]。「不信感が生じるのは、相手について知っていることのみならず、知らないことからも生じる。したがって、相手に情報を与え、決定基準について明確にするよう心がけ、自分が下した決断の根拠を説明し、問題点についても率直に語り、また関連情報を完全に開示することが必要である」[67]。

情報開示により、抑止に基づく信頼からよく知ることに基づく信頼へ移行することが期待できる。「組織における関係の大半は、よく知ることに基づく信頼にある。つまり、これまでのお互いのやり取りから相手がどのような行動をとるかを予測できること（予測可能性）に基づいた信頼である。こうした関係は、相手をよく理解し、相手の行動を正確に予測するのに十分な情報が与えられている場合に成り立つ」[68]。

信頼性は、組織内での政治的行動（「組織内における利益ならびに不利益の分配に影響を及ぼす、もしくは影響を及ぼそうと試みる諸活動」[69]）とも密接に関係する。この「政治的行動は、おそらく個人的特徴よりも組織文化と相関関係にある」と指摘されている。[70]「信頼性の乏しさ、役割のあいまいさ、業績評価体系の不明確さ、ゼロサムの報酬分配慣行、民主的な意思決定、業績への強いプレッシャー、自己利益を追求する上級マネジャーによって特徴づけられる文化は、政治的行動が育まれる機会を生み出す[71]」。そして、「組織における信頼が乏しいほど、政治的行動の程度が高くなる。つまり高い信頼は政治的行動の程度を抑制するのだ[72]」。

自民党の地方議員センターが上手く機能するためには、まずは積極的な情報発信（初期には党本部や担当国会議員によるものが多くなると予測される）による党内コミュニケーションを活性化することで、党内における信頼関係醸成の土壌から築くことが重要と考えられる。

総務会と中央幹事会の比較

さて、総務会（自民党）と中央幹事会（公明党）を比較すると、構成員に決定的な差がある。自民党の総務会は、定員が二五人（党則第三七条）である。党則上、党所属の衆議院議員の公選による者が一一人、党所属の参議院議員の公選による者八人、総裁の指名による者六人という内訳となっている。議決も慣習的に全会一致であり、総務全員が国会議員で構成されている。

これに対し、公明党の中央幹事会（定例で毎週木曜日の午前一〇時三〇分から党本部で開催）は、二一人が所属する。構成員には、国会議員だけではなく、地方議員三人と政党職員二人も含まれる。[73]コロナ以前の二〇一七年一月二六日の中央幹事会からペーパレス化を始め、「中央幹事会、党本部の会議では、資料がすべてタブレット端末から配布されている[74]。これは、自民党の総務会でのタブレット端末導入（二〇二一年二月一六日から）よりも相当に早い[75]。公明党の中央幹事会は、国政・地方の両空間の結節点という役割を持っている。

中央幹事会に地方議員が入る意義と役割

公明党の中央幹事会については、内実がどうなっているのか明らかでない点が多い。そこで、中嶋義雄東京都議へ話を聞いた[76]。中嶋都議は、中央幹事会の中央幹事と全国地方議員団会議の議長という役職を担当しており、公明党の中央・地方のネットワークをよく知る重要なキーパーソンである。中央幹事会に地方議員が入る意義について、中嶋中央幹事は次のように語る。

公明党の党是は「現場第一主義」、立党の精神は「大衆とともに」です。党是や立党の精神を党内に行き届かせるためにも、地方議会、地方議員は大事にすべきだし、中央幹事会にもきちんと構成員として籍を設けることは、非常に重要なことだと考えています。我々地方議員、特に市区町村会議員は、地べたを這うような活動をしていますから、大きな会合では出てこないような住民からの本音を聞くことができます。住民は、距離感のあるような議員へなかなか本音を言いません。一人一人生活や現場で抱える悩みに寄り添うことは、相当な共感性もないと難しいことです。また、公明党は地方議会から始まった歴史があります。そういった歴史を忘れないためにも、中央幹事会での地方議員の枠が大切であろうと思います。

「相当な共感性」を持つためには、議員個人の資質として十分な非認知スキルが求められることも意味する。中央幹事会で地方議員が果たす役割については、次のとおりである。

中央幹事会の構成が国会議員だけだと、中には出にくい意見もある。我々地方議員は、現場の住民、党員、支持者と接しているわけで、そういう方々から本当に率直な意見が寄せられる。私は都議会議員ですが、区議会議員、市議会議員の方がもっと広い声を聞くことができる。そういう声を現場の空気感も含め、直接、党幹部にきちんと伝えていく。党で緊張感を高める役割を果たしていると思います。

国会議員だけだと、なかなか見えないものもある。我々地方議員がきちんと現場の声を伝えていかないと、事態の改善にならないと思います。公明党の地方議員は、一番現場に近い所から大衆の中に飛び込んで、日々の活動（例、市民相談）をやっています。支持者の中には、与党として、主張が見えにくい時がある、と言う方もいます。与党を担う政党として緊張感を持つ必要はあります。

常任役員会で基本方針をもんだ上で、中央幹事会で議決し、党の方針として決まる。中嶋中央幹事によると、議決方法は、「了承していただけますか」と問われ、異議がない場合は「異議なし」と発言、異議がある場合は挙手をする。実際、「異議あり」の挙手のほか、議決後に一言発言を求めるケースもあるという。

中央幹事会の式次第

中央幹事会では冒頭、マスコミを会場に入れて山口那津男代表（当時）の挨拶が行われる。その後、マスコミを外に出した後、議事が進められる。

中嶋中央幹事によると、中央幹事会会長（北側一雄衆議院議員（当時））が司会を務め、議決事項→承認事項→報告事項→出席者からの発言→国対報告（国対委員長）→政調会長挨拶→幹事長挨拶→代表挨拶の順に展開される。

議決事項は、個別議員の定年延長や選挙候補者の公認、大きな首長選挙（知事、政令市及び県庁所在地）の態度決定など。報告事項は、地方議員選挙の結果、議員活動（市民相談や街頭演説の件数）、公明新聞の購読状況、政調会での審議の報告など。代表の冒頭挨拶は対外向け、最後の挨拶は党内向けという形で使い分けがなされる。かなり詳細に議事が展開されている様子である。議員活動が定量化されている。

地方議員の意見を反映する多様な経路

中央幹事会では、出席者の発言する機会が様々ある。式次第に沿って進められ、報告事項が終わると、出席者に発言を求める場が必ず設けられる。報告事項の段階でも質問や異議を出すことができる。中嶋中央幹事によると、実際に次のようなことがあるという。

年齢的にも期数的にも先輩になるので、同じ都議や全国の親しい地方議員から、「中央幹事会でこういうことを言ってください」と言われるようなこともあります。例えば平和安全法制のときもそうでした。

また、中央幹事会での発言内容が、国政レベルの政策に反映されることもある。

最近の例では、私立高校の授業料実質無償化の話があります。東京都が「年収約七六〇万円未満」である世帯を対象に選考していました。中央幹事会で山口代表（当時）からどうなったかと問われたとき、東京都の状況について説明した後、ぜひ国でもやってほしいと言った。山口代表（当時）がそれを受け止めてくれて、国でも所得制限つきで充実することになった。そうすると、都の予算がその分浮くことができたので、東京都の私立高無償化の世帯年収を「年収約九一〇万円未満」まで拡大することができました。ほかにも児童手当や白内障手術費用の保険適用の実現なども、地方議会からの声です。

公明党の地方議員の意見が反映される方法は、党内イントラや中央幹事会だけでない。全国県代表協議会の実施、国政の政調のＰＴ（プロジェクトチーム）に地方議員がメンバーに加わること、党本部設置の対策本部の構成員になるなど、多様な経路が存在する。公明党の最大の特徴は、国政・地方の間で、様々なレベルで調整の機会や地方議員参加の場が多数設定されていることである。

全国地方議員団会議の実態

公明党には全国地方議員団会議がある。同党ＨＰを参照すると、活動が活発でない印象を受けるが、果たして機能しているのか。中嶋全国地方議員団会議議長によると、次のような事情もあり、全国県代表協議会などがその機能を代わりに担っている面があるという。

党執行部から、全国地方議員団会議をもっと活発にしたいという話があったことがあります。実際、何度か全国の代表を党本部に集めたことがありましたが、全国から地方議員が集まるのは大変です。地方議員は地方議会の年四回の定例会以外に委員会や審議会が数多くあり、公明党議員は市民相談や視察などが数多くあります。日常的に集まるのは現実的でない部分があります。

ですので、全国地方議員団会議とは別に、全国県代表協議会・全国県代表懇談会（年に複数回実施）があります。そこでは、国会議員と都道府県本部から代表の地方議員が集まり、政策活動については政調会長から、党の活動方針については幹事長から説明があります。その後、十分な質疑応答の時間がとられます。その場で、地方議員から国政への疑問、質問、要望が出されます。要望の内容は、政策的なことだけでなく、党活動、候補者公認、選挙協力など様々できます。全国県代表協議会・懇談会が全国地方議員団会議に代わってその機能を担っている側面があります。

二〇二一年の例では、全国県代表協議会が一二月一八日、全国県代表懇談会が三月一三日と七月八日に実施されている。ただし、中嶋氏個人の視点で、全国地方議員団会議は、各地方議員が「党所属の議員として」の存在理由を確認するためにも意義があるという。

この「党所属議員として」という政党の集合的アイデンティティの共有作業は、党への忠誠心を高め、最終的に政党組織の一体性を維持するためにも機能する。場の空気感の共有は、オンラインよりも対面によるリアルな場の方が役割を果たし得るのであり、党内組織文化の構築を考える上でも重要である。デジタルDX化だけで対応できないリアルな場の機能は、依然として残り続ける。

3　オンライン化による意思決定の試みと地方政治（日本維新の会）

議員政党である国政政党としての維新は、次のように変遷している。すなわち、日本維新の会（二〇一二年九月）、維新の党（二〇一四年八月）、おおさか維新の会（二〇一五年一一月）、日本維新の会（二〇一六年八月）である。[77]他方、母体となった地域政党の大阪維新の会（二〇一〇年四月）は、地方組織としてそのまま維持され続けた。「維新内では、国会議員も首長も地方議員も同じ立ち位置で並列扱い」である。[78]党本部は、日本維新の会と大阪維新の会ともに大阪市内にある。コロナ禍前、「党の重要方針を決める常任役員会もしばしばここで開かれ、国会議員がわざわざ大阪に足を運び、国政の政策決定に対して役員の地方議員が意見」した。[79]

本節では、日本維新の会の藤田文武幹事長（当時）に、党組織の実態について詳細に話を聞いた。[80]維新の党組織の特徴は、①党内の若手活用、②オンライン利活用の政策決定、③党内議論の可視化、④地方議員も交えた意思決定の四点を抽出することができる。以下、順に見る。

若手に挑戦の機会を与える

第一に、党内の若手活用について、藤田幹事長は次のような認識を示す。

松井一郎代表（当時）や馬場伸幸共同代表（当時）は、「若手をどんどん使ったれ」と常々おっしゃいます。基本的にトップがそういう方針なので、例えば予算委員会でも期数の上のベテラン議員である浦野靖人さんや井上英孝さんなんかは、「いいよいいよ、やれやれ！テレビに映るところに新人使ったれ！」みたいな感じで、どんどん若手をチャレンジさせて切磋琢磨させようという風土があります。これは、他党ではほとんどできないことですね。

松井さんも馬場さんも「ほんまに仕事をがんばっているやつに日の目を見させてやれ」といつも言っていて、役職にかかわったり目立つことばかりをやりたがる人よりも、雑務やリサーチ、党務や各選挙の手伝いとか、地味だけど必要なことを着実にやっているメンバーにどんどん光を当ててやれ、という考え方です。僕自身もたくさんチャンスをもらってチャレンジさせてもらった立場なので、同年代や期数の若いメンバーもできるだけ前に出して、切磋琢磨できる環境を作れるように心掛けてきました。テレビに映る予算委員会や本会議、様々な討論会にも一期生議員にどんどんチャレンジしてもらいました。

若手にチャレンジの機会を積極的に与える党内文化が醸成されている。この理由は、党内の年齢構成と関係している。例えば国政と比べて相対的に候補者数が多い都道府県議選（二〇一九年四月〜二〇二三年三月期）を見てみよう。政党別に候補者の年齢層を比較すると、維新の特徴が浮き彫りとなる。年齢の最頻値は、党派に関係なく候補者全体（三七〇九人）が「六〇歳以上六五歳未満」（一六・五三％）であるのに対し、維新（九八人）は「四五歳以上及び「三五歳以上四〇歳未満」（一二・二四％）の層だけで合計四分の一を占めている。

五〇歳未満」（一八・三七％）であった。しかも、「三〇歳未満」（六・一二％）、「三〇歳以上三五歳未満」（七・一四％）

オンラインを利活用して政策を決定

第二に、オンラインを政策決定過程で積極的に利活用している。維新の国政の政策決定過程は、部会↓政調役員会↓国会議員団役員会の流れで行われる。国対で判断が必要な案件については、政調役員会と国会議員団役員会の間に、国対役員会の意見を聞く。党議拘束は、国会議員団役員会で承認が出た段階でかかる。

部会は、従来、国会の委員会と対応して設置されていた。しかし、分野横断の議題が多いため、①厚労経財部会、②総務財金デジタル部会、③法務男女共同参画部会、④外務安保部会、⑤文科子ども部会、⑥国交農水警察部会、⑦経産環境規制改革部会の七つの部会に再編成された。また、調査会や対策本部として、①新しい経済社会調査会、②新しい外交安保調査会、③憲法調査会、④コロナ対策本部、⑤拉致対策本部が政調会に常設された[81]。

各部会は部会長が主催し、国会の各該当委員会の理事や委員等が所属する。官僚のレクのほか、必要であれば有識者を招く。党内議論を経て、最終的に多数決（過半数）で議決する。藤田幹事長によると、採決で反対者がいることもあるが、「多数決で決まれば、最終的にはみんな従うという文化」だという。部会での議論後、政調役員会での議論と承認を経て、国会議員団役員会に上程する。部会は、「今はほとんどオンライン」で開催されている。リアルの会場も用意しているが、どこからでも参加が可能である。官僚からの部会レクも完全ペーパレス化している。官僚から先にデータをもらった上で、「我々の全員がアカウント管理されたスケジュール共有ソフトに予定が入っており、そこに資料が貼り付けられていきます。民間企業に相当近いやり方になっています」とのことだった。

党内議論の可視化

第三に、他党には見られない党内議論の可視化についてである。注目すべきものとして、二〇二一年一二月七日から開始したオープン政調の取組がある。[82] 足立康史国会議員団政調会長体制になってから、党内議論の透明化を図るため、政調会の議論をオープンにし、オンライン中継を行うことになった。[83] 党外の一般の者も視聴できる。政調役員会だけでなく、部会もできる限りオープンにするという。ただし、藤田幹事長によると、「内容的に非公開の方が望ましい案件や、外部講師自身が拒否する場合はクローズにして柔軟に対応している」という。国会議員団総会もオープンの対象とはなっていない。

なぜ維新では、党内議論のオープン化が可能なのか。見逃せないのは、「情報公開や会議の『見える化』を重視してきた」という経路依存性だ。[84] 大阪府庁・大阪市役所では、様々な会議にメディアを入れ、オープンにしているという。[85] 吉村洋文・松井一郎・上山信一は、次のように説明する。[86]

> このような失敗（負の遺産）は大阪市にもたくさんありました。ところが、府も市もこうした将来の財政運営にかかわる重要案件をすべて外部にクローズで意思決定していました。どこで誰が発議したのか、いつ誰がどういう決断をしたのか、よくわからない。事後に責任の所在を検証しようとしても会議記録すら残っていない。だから誰の責任かもわからないというガバナンスの欠けた状態だったのです。
> 維新改革ではこうした過去の大阪府市の苦い経験への反省から、「何ごとも徹底的に情報公開し、記録を残す」というルールを決めたのです。

まさしく首長視点のある地方発の政党だからこそ、党内議論のオープン化が可能となった。他方、オープン政調は、地方政治レベル（大阪維新の会）では実施できていなかった。藤田幹事長へ追加取材をしたところ、「オープン政調は、有権者に政策の構築過程を見ていただき、維新の取組に共感してもらうという企画で始めました。地方ができない理由というのはないと思いますが、単純に視聴者が多いかどうかというくらいかと思います。ちなみに、大阪府議団などは議員団総会をネット公開していますし、吉村知事は御自身の意思でコロナ対策本部会議もネットフル公開にしています」とのことだった（二〇二三年五月一〇日回答）。

地方議員を交えた意思決定

第四に、地方議員も交えた意思決定についてである。国政における地方議員からの意見の反映方法を見てみよう。藤田幹事長によると、「部会への参加は原則的に国会議員に絞られているが、オンライン中継で公開されていることに加えて、地方議員からの強い要望で傍聴希望があれば拒否することはない」という運用体制になっている。地方に関係あるもの、地方の要望に基づく議員立法については、政調内にＰＴ（プロジェクトチーム）を設ける。「地方議員と国会議員のハイブリッドでＰＴを組むことは、案件によっては結構あります」と言う。ネットの誹謗中傷対策に関するＰＴで、議員立法に取り組んだ事例がある。これらはオンライン形式で実施される。

国会と中央省庁は東京にあり、日本維新の会の党本部は大阪にある。そのため、党内コミュニケーション空間の工夫が重要となる。藤田幹事長によると、「常任役員会は案件ありきで柔軟に運用しつつ、月一回程度を目途に」実施され、「その他の決裁事項については、定期的に持ち回り決裁で行われ、合意形成、意思決定を機動的に行う。役員会もオンラインが中心」という。「コロナ以降は、党の会議はほとんどオンライン」形式で実施されるようになった。また、全国の地方議員と国会議員が日常的に意思疎通できる工夫として、全国政調会長会議を党政調会に設置した。「政調会長、政調会長代行のもとに副政調会長をつけ、各都道府県の総支部の政調会長が定期的（月一回程度）に集まり、オンラインで政策議論を行う」。実態として次のような工夫を行っている。

国政課題に何か言いたい人はそこで言えるし、地方同士で横展開できる政策の情報交換なども可能です。今回の参院選（二〇二二年）のマニフェストもこのやり方を行いました。例えばマニフェストに追加でこの内容を入れてほしい、もともと衆院選（二〇二一年）に入っていたマニフェストについてもの申したいなど、全国政調会議を受け皿にして意見集約をしています。ほとんど全ての地域の声を拾える体制が全国政調会議にできています。ＺｏｏｍやＧｏｏｇｌｅ Ｍｅｅｔなどを使っています。

党内コミュニケーションでは、お金をかけて党独自のネットワークシステムを構築せず、既存の民間システムを活用している。さらに、次の取組を行っている。

もう一つは、組織局が各総支部のサポートを行っています。そこで国会議員の担当をつけ、定期的に意見を聞いたり、情報交換したりしています。うちの場合は全都道府県に国会議員がいないので、国会議員のいない地域をカバーするためにエリア担当の国会議員をつけます。僕らは個別にも多くの地方議員さんと人間関係があるので、何かあったらフラットにみんなやり取りしていると思います。また、政調会は、音喜多駿さんが参議院議員で政調会長、政調会長代行が大阪市議会議員の藤田あきらさんです。国会議員と地方議員のタッグで全国組織である党政調会を仕切っています。

振り返ると、維新の党（二〇一四年八月）の時代、大阪と非大阪系で党内対立が生じた。かつて塩田潮は、「大阪組と非大阪系グループの不協和音は、大阪での住民投票の際、都構想最重視の大阪組と、野党結集路線で民主党との連携や合流を目指す非大阪系が、将来の政界再編構想で食い違ったのが最大の要因だった。両陣営とも修復困難と判断し、『協議離婚』を目指して話し合いによる円満分党を模索した」と指摘した[87]。現在ではコロナを契機にオンラインを積極的に利活用するようになり、東西の意思疎通の円滑化が進展したといえる。

地方組織強化による党勢拡大と党内組織文化構築の課題

第5章と関係するが、今後の維新の全国化や党勢拡大に向け、何を課題と認識しているのか。

一番は地方組織を強くしたい。今回の選挙（二〇二二年参院選）でも如実に表れているんですが、地方議員が少ないところや地方議員が選挙経験の少ないところは、選挙の最後に競り負けたり、最後伸びないんです。ですから、地方組織を普段から強化することが必須です。とにかく、日本全国に維新の地方議員を増やすべきです。そのために、地方への活動資金の配分増、人的なサポート、ノウハウの支援などを党を挙げて行っていく計画です。政党交付金が増額されたことは、党運営にとって非常にプラスです。特に地方組織の強化のために今年（二〇二二年）から大幅に配分を増やしました。

二〇二二年三月二七日、日本維新の会は「中期経営計画」を作成した[88]。政党組織が民間企業の経営手法を取り入れた珍しい事例であり、現状把握、目標設定、実行戦略など詳細に書き込まれている。この中で、短期目標の①で掲げた二〇二二年参院選での「12名以上の当選必達」はクリアした。次の短期目標②では、二〇二三年統一地方選挙後、地方議員数六〇〇名以上（大阪以外の地方議員数について現在の約一五〇名から三〇〇名以上へ倍増）を掲げた。この統一地方選挙でテレビＣＭを放映した政党は、日本維新の会だけであった。ＣＭ放映を決断した背景とは何か。藤田幹事長へ追加取材をしたところ、「目標達成のために、これまで維新の会に縁がなかった地域を含め、認知度を上げていくという意図をもって実施しました。ネット戦略も主要政党では最も成功しました（ユーチューブ視聴数など）。既存政党は地方選挙のタイミングでＴＶ広告をこれまでやってきませんでしたから、我が党だけがやることで平常時よりもパフォーマンスを上げられるという見込みがありました」とのことだった（二〇二三年五月一〇日回答）。議員数を増やすという強い意識があり、行動に反映されている。

中期目標としては、次期衆院選（二〇二四年）での野党第一党を目指すとした。地方組織の強化のため、活動資金の戦略的配分も行う。藤田幹事長は、「馬場共同代表（当時）の指示のもと、幹事長室に党改革ＰＴを設置し、様々な課題の抽出作業を行い、党勢拡大のビジョンと具体的なプランを中期経営計画に落とし込みました」と語る。

維新は、二〇二三年の第二〇回統一地方選挙で「大阪府外の壁」を壊し、全国の地方議会で国政への足場を築くことに成功した。全国の自治体の首長と地方議員は合計七七四人（非改選も含める）となり、馬場代表（当時）は次期衆院選（二〇二四年）で野党第一党を目指す考えを改めて示した[89]。とはいえ、大量に当選した新人地方議員への対応が課題として急浮上した。二〇二三年五月一四・一五日に新人研修会を実施し、「現職の議員や首長が『維新の議員として』『身を切る改革など』といったテーマで講義した[90]」。研修内容が非公表であったため、判明している情報から判断すると、議会対応よりも党の理念共有や忠誠心を高める方向性に重きを置いた内容とした。それゆえか、党内でオンライン文化があるにもかかわらず、あえてリアルな「場の空気感」を用いる対面式とした。

以上、本章では、公明党と日本維新の会の事例を中心に見てきた。衆院選と同様、市区町村議会も新人議員が多く当選し得る選挙制度である。全国的な人材の流動性が定期的に生じるゆえに、組織文化と規範・連帯感による凝集性が課題となる。それゆえ、コミュニケーションに必要な共有手段については、戦略的に使い分ける必要がある。

現在、ＡＩ技術の加速的発達と利活用の時代が到来している。今後、「政党組織とＡＩ」の研究蓄積が求められる。

（1）高尾義明、前掲『はじめての経営組織論』一二三頁。
（2）同上。
（3）同上、四六頁。
（4）同上、五四頁。
（5）スティーブン・P・ロビンス、前掲『組織行動のマネジメント　入門から実践へ〔新版〕』一三五頁。
（6）竹中治堅『コロナ危機の政治』中央公論新社、二〇二〇年、六−七頁。
（7）日経コンピュータ『なぜデジタル政府は失敗し続けるのか』日経BP社、二〇二一年、六三頁。
（8）同上、一九六頁。
（9）関なおみ『保健所の「コロナ戦記」　TOKYO2020−2021』光文社、二〇二一年、一三〇頁。
（10）同上、二三〇頁。
（11）自由民主党HP「新型コロナウイルス関連肺炎対策本部設置」二〇二〇年一月二九日 https://www.jimin.jp/news/policy/141083.html（二〇二三年五月一六日閲覧）。
（12）濱本真輔『日本の国会議員――政治改革後の限界と可能性』中央公論新社、二〇二二年、一三二−一三三頁。
（13）朝日新聞取材班『自壊する官邸』朝日新聞出版、二〇二一年、五五頁。
（14）中北浩爾、前掲『自民党――「一強」の実像』一一八頁。
（15）「自民 所属国会議員らに地元の政策要望聞き取り報告を指示」NHK NEWS WEB、二〇二一年二月二八日 https://www3.nhk.or.jp/news/html/20210228/k10012889791000.html（二〇二三年五月一六日閲覧）。
（16）同上。
（17）中北浩爾『自公政権とは何か』筑摩書房、二〇一九年、二六六−二六九頁。
（18）竹中治堅「与党統制『首相支配』の浸透」アジア・パシフィック・イニシアティブ『検証 安倍政権　保守とリアリズムの政治』文藝春秋、二〇二二年、二九六頁。
（19）岡野裕元「公明党の立体的政策形成――『ヨコ』関係の軸となる国会議員・地方議員・事務局との協働ネットワーク――」奥健太郎・黒澤良〔編著〕『官邸主導と自民党政治――小泉政権の史的検証』吉田書店、二〇二二年、四八二頁。

(20) 公明党HP「新型コロナウイルス　公明、対策本部を設置」二〇二〇年一月二八日
https://www.komei.or.jp/komeinews/p50300/　（二〇二二年二月二七日閲覧）。

(21) 公明党HP「感染拡大防止で結束」二〇二〇年二月六日
https://www.komei.or.jp/komeinews/p51137/　（二〇二二年二月二七日閲覧）。

(22) 公明党機関紙委員会［編］『コロナ禍に挑む公明党の闘い　2020-2021』公明党機関紙委員会、二〇二一年、三六-三七頁。

(23) 公明党HP「ワクチン接種　全国で円滑に」二〇二一年一月二一日
https://www.komei.or.jp/komeinews/p141600/　（二〇二二年二月二七日閲覧）。

(24) 同上。

(25) 同上。

(26) 同上。

(27) 「国と自治体の連携後押し　高齢者接種　現場の実情、丁寧に調査」『公明新聞』二〇二一年五月一四日。

(28) 「党全国対策本部会議で確認　コロナワクチン　円滑・迅速接種へ全力　自治体と連携強化し課題解消」『公明新聞』二〇二一年五月一六日。

(29) 同上。

(30) 「7月末の接種完了　公明党が調べたら――政府公表の倍　248自治体『難しい』」『朝日新聞』二〇二一年五月二八日朝刊。

(31) 同上。

(32) 公明党 木下広豊島区議へのインタビュー（二〇二二年三月九日）。以下、特別な断りがない限り、同じものとする。

(33) 「ワクチン、ばらつく配分量」『朝日新聞』二〇二一年四月二二日朝刊。

(34) アジア・パシフィック・イニシアティブ『新型コロナ対応・民間臨時調査会　調査・検証報告書』ディスカヴァー・トゥエンティワン、二〇二〇年、三六〇頁。

(35) 新型コロナウイルスワクチン接種担当部長「新型コロナウイルスワクチン接種スケジュールについて」二〇二一年四月二三日。

（36）「ワクチン、ばらつく配分量」『朝日新聞』二〇二一年四月二二日朝刊。
（37）同上。
（38）「東京　豊島区　国からのワクチン『希望量の半分以下』　日程変更も」ＮＨＫ　ＮＥＷＳ　ＷＥＢ、二〇二一年七月五日 https://www3.nhk.or.jp/news/html/20210705/k10013120931000.html（二〇二三年三月九日閲覧）。
（39）「内閣支持率『ワクチン頼み』　政権内　あきらめの声も」『朝日新聞』二〇二一年五月一八日朝刊。
（40）二〇二一年五月、六月の政治情勢は、七月四日の都議選の前であり、衆議院解散もいつになるか分からない状況にあった。また、七月二三日が東京オリンピック開会式、九月三〇日には菅義偉総理の自民党総裁任期満了を控えていた。
（41）公明党コロナワクチン接種対策本部「新型コロナウイルスワクチン接種に関する緊急要望（文案）」二〇二一年五月一一日。
（42）岡野裕元、前掲「公明党の立体的政策形成――『ヨコ』関係の軸となる国会議員・地方議員・事務局との協働ネットワーク――」四五四頁。
（43）例えば二〇二一年五月の公明新聞で確認すると、各自治体の公明党地方議員が首長に対して要望書を直接提出している記事を頻繁に見かける。
（44）福岡県議会「地方議会が提出する意見書の積極的活用を求める意見書」令和四年三月二四日。 https://www.gikai.pref.fukuoka.lg.jp/honkaigi/kaketsu-chihougikai.html
（45）根岸隆史・内藤亜美・岩崎太郎・徳田貴子・永簱舞衣「地方議会からの意見書（1）―参議院が受理した意見書の主な項目（令和2年）」『立法と調査』（四三五）参議院、二〇二一年、六六頁。
（46）岡野裕元、前掲「公明党の立体的政策形成――『ヨコ』関係の軸となる国会議員・地方議員・事務局との協働ネットワーク――」四五三頁。
（47）同上。
（48）公明党　中嶋義雄中央幹事・全国地方議員団会議議長（東京都議会議員）へのインタビュー（二〇二三年四月七日）。
（49）公明党本部広報部文書回答（二〇二三年四月七日）。
（50）自由民主党ＨＰ「党則改正について」二〇二三年三月一四日 https://www.jimin.jp/news/information/202983.html（二〇二三年四月一〇日閲覧）。

(51) 自由民主党ＨＰ「党則改正へ４つ論点を提示　党改革実行本部が総会」二〇二二年二月四日
https://www.jimin.jp/news/information/202645.html（二〇二二年一〇月二日閲覧）。
(52) 同上。
(53) 自由民主党ＨＰ「党則改正について」二〇二二年三月一四日
https://www.jimin.jp/news/information/202983.html（二〇二二年四月一〇日閲覧）。
(54) 自由民主党党改革実行本部「党則改正について」二〇二二年三月一四日、三頁。
https://jimin.jp-east-2.storage.api.nifcloud.com/pdf/news/information/202983_1.pdf
(55) 自由民主党ＨＰ「第90回党大会　茂木敏充幹事長　党務報告」二〇二三年二月二六日
https://www.jimin.jp/news/information/205309.html（二〇二三年五月一日閲覧）。
(56) 二〇二三年五月一三日現在。
(57)「地方議員センター会員登録ガイド」
https://jimin-nagasaki.jp/wp/wp-content/themes/jimin_nagasaki/pdf/news20221017_04.pdf
(58)「地方議員センターWEBサイト　画面イメージ」
https://jimin-nagasaki.jp/wp/wp-content/themes/jimin_nagasaki/pdf/news20221017_03.pdf
(59) 自由民主党ＨＰ「党則改正について」二〇二二年三月一四日
https://www.jimin.jp/news/information/202983.html（二〇二二年四月一〇日閲覧）。
(60) 自由民主党党改革実行本部「党則改正について」二〇二二年三月一四日、三-四頁。
https://jimin.jp-east-2.storage.api.nifcloud.com/pdf/news/information/202983_1.pdf
(61) 自由民主党ＨＰ「地方と党本部がオンラインで直結菅総裁が北海道・東北6県とリモートで懇談」二〇二〇年一〇月二五日
https://www.jimin.jp/news/information/200732.html（二〇二二年四月一〇日閲覧）。
(62) 自由民主党ＨＰ「菅義偉総裁と都道府県連とのオンライン懇談を開催」二〇二一年九月一一日
https://www.jimin.jp/news/information/202013.html（二〇二二年四月一〇日閲覧）。
(63) 自由民主党青年局ＨＰ「全国青年部長・青年局長、学生部合同オンライン研修会を開催」二〇二〇年七月七日

https://youth.jimin.jp/news/200349.html?_ga=2.42850726.2090934657.1649537908-511397855.1601352651（二〇二二年四月一〇日閲覧）。

（64）スティーブン・P・ロビンス、前掲『組織行動のマネジメント　入門から実践へ［新版］』二九一-二九五頁。

（65）同上、二九三頁。

（66）同上、二八二頁。

（67）同上、二八七頁。

（68）同上、二八五頁。

（69）同上、三〇二頁。

（70）同上、三〇四頁。

（71）同上。

（72）同上、三〇五頁。

（73）本書の初出となった論座での記事公開時点（二〇二二年四月二八日）の情報。

（74）岡野裕元、前掲「公明党の立体的政策形成――『ヨコ』関係の軸となる国会議員・地方議員・事務局との協働ネットワーク――」四六〇頁。

（75）「自民・総務会がペーパーレス化　タブレット端末導入」産経ニュース、二〇二一年二月一六日 https://www.sankei.com/article/20210216-BBKGPAXJWRP7DIASXVWCIWFGSY/（二〇二二年四月一〇日閲覧）。

（76）公明党 中嶋義雄中央幹事・全国地方議員団会議議長（東京都議会議員）へのインタビュー（二〇二二年四月七日）。以下、特別な断りがない限り、同じものとする。

（77）塩田潮、『解剖　日本維新の会　大阪発「新型政党」の軌跡』平凡社、二〇二一年、二六〇頁。

（78）朝日新聞大阪社会部『ポスト橋下の時代　大阪維新はなぜ強いのか』朝日新聞出版、二〇一九年、二七頁。

（79）同上、二四頁。

（80）日本維新の会　藤田文武幹事長（衆議院議員）へのインタビュー（二〇二二年七月一三日）。以下、特別な断りがない限り、同じものとする。

（81）部会、調査会及び対策本部については、筆者取材時点での情報（二〇二二年七月一三日）。

（82）音喜多駿「維新の会議（政調役員会）はこれから原則フルオープン＝ネット中継です」アゴラＡＧＯＲＡ　言論プラットフォーム、二〇二一年一二月八日
https://agora-web.jp/archives/2054223.html　（二〇二二年七月一四日閲覧）。

（83）同上。

（84）吉村洋文・松井一郎・上山信一『大阪から日本は変わる　中央集権打破への突破口』朝日新聞出版、二〇二〇年、四六頁。

（85）同上、四五-四六頁。

（86）同上、四七頁。

（87）塩田潮、前掲『解剖　日本維新の会　大阪発「新型政党」の軌跡』二二四-二二五頁。

（88）日本維新の会「古い政治を壊し、新しい政治を創る　日本維新の会　中期経営計画」二〇二二年三月二七日。
https://fumitakefujita.com/wp/wp-content/uploads/2022/03/ab4a2c08b61a30222abb6cd7dee3daaf.pdf

（89）「維新　統一地方選　首長と地方議員７７４人に　馬場代表〝目標達成〟」ＮＨＫ　ＮＥＷＳ　ＷＥＢ、二〇二三年四月二四日
https://www3.nhk.or.jp/news/html/20230424/k10014047801000.html　（二〇二三年四月二六日閲覧）。

（90）「『先生と呼ばれて調子に乗らぬよう』…日本維新の会、新人３６５人向け研修会を開催　不祥事対策が急務」読売新聞オンライン、二〇二三年五月一五日
https://www.yomiuri.co.jp/local/kansai/news/20230515-OYO1T50004/　（二〇二三年五月一六日閲覧）。

第2章　議員政党と組織政党による候補者リクルート

政党組織は、全国各地に党員と国会・地方議員が存在し、選挙ごとに議員の人材が大幅に入れ替わる流動性がある。また、組織の目的と個人が組織に参加する目的との間で、異なる可能性がある。それゆえ、組織文化から規範・連帯感によって凝集性を高めるには、第1章で扱ったコミュニケーションに必要な共有手段の存在を前提に、個人の時間軸の初期に位置する候補者リクルートが問われることになる。ただし、議員政党（自由民主党、立憲民主党、日本維新の会など）と組織政党（公明党と日本共産党）の候補者擁立方法の違いを考慮する必要がある。例えば濱本真輔によると、具体的に「大きくは政党内部から擁立する内部型、公募などに主に依拠する外部型、内部と公募を活用する併用型に分けられる(1)」。

選挙制度がもたらす影響も考えるべきである。候補者の人物像は、大きく次の二つに分けることが可能であるが、二者択一が困難である。一つは社会・経済的なエリートの人材（小選挙区制と適合的）であり、もう一つは社会・経済の諸階層の人材構成を鏡で映したように反映させること（比例代表制と適合的）である。いずれの候補者擁立戦略を優先させるかについては、政党やその時々の選挙で異なり、標榜されていない背後に潜む価値観や暗黙の仮定が組織内部に存在する。本章では、各党の候補者リクルートを扱う。各党とも選挙に「出たい人」（野心ある出世主義者）よりも、「出したい人」（各党で考え方に違いがある）をいかに集めるかという点で模索しており、背後に候補者予備群のパイの課題がある。「出たい人」が集まる理由は、選挙制度による作用と、政党による候補者リクルートそのものが選挙で当選するためのインセンティブであることを示している。

1　同質性形成のための都連政経塾と候補者予備群プール（自由民主党東京都支部連合会）

議員政党である自民党の候補者リクルートの在り方は、平成期に大きく様変わりした。一つは、公募活用の事例が増加している点である。濱本真輔は、自民党の公募制度の経緯を次のように解説する。(2)

自民党は一九九〇年代から一部の地域で公募を実施していたが、党全体の仕組みとしては定着していなかった。しかし、得票の伸び悩みや選挙の敗北を受けて、公募は二〇〇三年以降に広がり、〇九年に政権から下野してからは政党本部が原則として公募の実施を求めるなど、その活用が広がった。二〇〇〇年から一三年までをみると、公募による新人は少なくとも一五八名にのぼり、全新人候補の四八%を占める。公募の実施数、新人候補に占める割合も高くなり、二〇一〇年以降は七割の選挙区で実施されている。

この節目となった二〇一〇年は、自民党が野党転落後、初めて臨む参院選があった年である。自民党内では、選挙後、公募活用による票の伸びの効果が肯定的に認識されている。(3)

もう一つは、候補者リクルートの前段階に当たる党内人材育成機関である地方政治学校の経由者増加である。候補者予備群を育成する自民党の地方政治学校出身者（二〇一〇年の党則改正以前も含め）は、累計約一〇〇〇人が各級議員になった（二〇二二年五月現在）。都道府県別地方政治学校の出身者数を調べると、自民党東京都連が運営する「TOKYO自民党政経塾」（以下、「都連政経塾」と略記する）が多い。都連政経塾が輩出した政治家は、二〇二二年三月五日時点で合計三〇二人おり、[4]全国の地方政治学校出身議員の約三割にのぼる。合計三〇二人の各級の内訳（現職・元職別の人数）は、衆参両議員一一人（七人・四人）、知事、区市町村長三人（三人・〇人）、都道府県議会議員二三人（一五人・八人）、区市町村議会議員二六五人（二一二人・五三人）である。[5]地方議員となった者が多数存在する。

本節では、都連政経塾の実務面での実態について、自民党東京都連の八木洋治事務総長へ話を聞いた。[6]

都連「TOKYO自民党政経塾」による「顔が見える」人数での授業

「TOKYO自民党政経塾」は、塾長（深谷隆司元衆議院議員）、塾長代行（小田全宏氏）、都連五役だけでなく、同塾運営のための運営委員（一二～一三人で構成され、国会議員や都議も含まれる）、都連職員と幅広く関与している。入塾の選考では、運営委員それぞれが分担しながら入塾希望者の書類や論文を読み、チェックを行う。

都連政経塾は、二〇二二年度で一七期目を迎えた（一期目は二〇〇六年度で、第三次小泉政権・第一次安倍政権の頃）。講義の開講時間帯は一九時～二一時であり、一日二講座行われる。都連政経塾の定員は、「一般リーダーコース」（五〇人）と「専門政治コース」（五〇人）の合計一〇〇人である。国政、地方政治といった政治領域での区別はない。

コロナ禍であった第一六期生（二〇二一年度）の場合は、開講式、修了式及び二日間の合宿も含め、専門政治コースが一七日間、一般リーダーコースが一一日間（一般リーダーコース生は、専門政治コースの講義が受講不可）のカリキュラムをこなした。[7]コロナ禍の第一六期（二〇二一年度）と第一五期（二〇二〇年度）は、オンライン形式での講義となった。念のため、コロナ禍以前の第一三期（二〇一八年度）と比較すると、第一六期と同じ日数である。

都連政経塾では、受講料（一般リーダーコースは五万円、専門政治コースは一〇万円）を要する。[8]政経塾の受講料は、自民党都連にとって貴重な収入源でもある。都連の政治資金収支報告書（令和二年分）を調べると、一〇二〇万円（備考欄に「R2・5・28　116人」の記載）の収入がある。(9) 八木都連事務総長によると、定員以上の塾生を受け入れているが、それでも「お断りするのが容易でない」くらいの応募者数がある。人数を絞っている理由は、「face to faceで授業を進めていくため」である。もちろん会場の事情もある。都連は党本部の建物に同居しており、党本部の部屋の収容人数に制約がある。都連政経塾の開設当初から、定員以上の応募者が集まった。

塾生のバックグラウンドは、様々である。公務員、地方議員、メディア関係者、民間企業の勤労者などがいる。八木都連事務総長によると、このような事情もあるため、「塾生のプライバシーを尊重しながら進めています」と言う。塾生に合わせ、開講時間帯を夜に設定している。

公募制度で生じた応募者とのミスマッチ解決のために

都連政経塾開設の背景は、党本部が候補者擁立で公募制を導入したことがきっかけであった。すなわち、候補者公募と候補者予備群の教育は、セットで考えられていた。八木都連事務総長によると、当時、「自民党の歴史を知らない、自民党の地方組織を理解していない者への対応」が課題であり、組織文化の継承も念頭にあった。都連政経塾の受講は、自民党の公認決定後の新人候補者に必修とされ、都連規約にも規定された。政経塾の目的は、「政治家を育てる」というよりも、「将来日本をリードする人たちの人間教育をすすめていく」という点が第一であったという。「人間教育をする中で、できれば自民党の政策を理解していただければ有り難いな、という一面もあります。将来、政治家を目指す人もいますし、企業の中でリーダーになりたいという方もおりますので、リーダーシップをとるための覚悟をこの塾を通じて養成していただければ、という希望は持っています」と語る。すなわち、人材の同質性形成を最初に意図している。

都連政経塾の開設前、愛知県と神奈川県が先行して開設しており、両県連を参照しながら開設準備を行った。当時の都連は、情報過多の時代（社会のデジタル化に伴う）に対応できるための塾を作りたい意図もあった。八木都連事務総長は、背景をこう語る。

かつての政治家は、地方議員も含めていわゆる名誉職みたいなところもあり、地域の人たちの声をその地域に反映させていくという議員が多かったです。ところが、時代が変わり、情報が多くなると、どの情報を選択するのか、何の情報が正しいのか正しくないのか、そういったことの専門的な知識が必要になってきました。きちんと整理整頓しないと、将来日本の政治を携わっていく政治家の皆さんが困ってしまわないのか。

この認識からは、正確な情報や専門知識の学習・習得手段を模索していた様子が伝わる。それゆえ、正確な情報・知識とは何なのか、カリキュラム設計者自身の認知力が次に問われる。設計者の価値観・信念の深いレベルまで掘り下げる必要もある（ただし本書では扱えていない）。

都連政経塾の第一期からの具体的な講義テーマを調べると、[10] 次のように分類できる。

①保守色豊かなもの（「憲法問題」、「憲法改正」、「武士道精神」、「日本の神話」、「愛国心」など）
②政権関係（「新型コロナウイルスと岸田内閣」、「菅政権の課題」、「安倍政権が進める日本の国づくり」など）
③個別政策課題、時事問題（「日本のデジタル改革」、「外国人労働者受け入れにあたっての課題」など）
④外交・安全保障（「最近の動きと中国問題」、「一帯一路と中国共産党」、「日本と近隣諸国」など）
⑤政治・選挙活動（「スピーチと伝え方」、「政治家とリーダー像」など）

⑥心構え（「志を立てる」、「学びのサイクル」、「ビジョン実現の方法」など）

講座数が多く、講義テーマも多岐にわたり、以上のいずれかの特定分野に特別大きく偏っていることはない。ただし、②の政権関係は、若干少ないようである。八木都連事務総長によると、講義テーマの選定で、「ある程度、講師を決めてはいきますが、何をテーマにするかについては、その時々に塾生の希望を聞きます。タイムリーな話題にあわせた時事問題、政策課題について学びたいといった希望に沿って、講師を選考していきます。講座と講座の間で、事務局に申し出るよう希望を聞きます」という点を心がけている。運営の柔軟性も持ち合わせている。

「地の利」を生かした豊富な講師陣と門戸の広さ

都連政経塾運営の柔軟性の秘訣は、どこからもたらされるのか。そもそも地方政治学校は、テーマごとにふさわしい講師の派遣依頼を中央政治大学院へ出す。自民党本部に同居する都連の場合、東京という地の利があり、講師となる国会議員や専門家は身近な存在だ。大臣や党三役のスケジュールも組みやすい。実際、一般リーダーコースでは塾長と塾長代行が講師を務め、専門政治コースでは現職の国会議員を中心に多彩なメンバーがそろう。例えば二〇二一年度は、西村康稔経済再生担当大臣、岸信夫防衛大臣、河野太郎行政改革担当大臣、高市早苗党政務調査会長、菅義偉前内閣総理大臣などである。

講義の実態も入塾してところてん式に卒業できるわけではない。八木都連事務総長によると、「受講料をいただいているわけですから、いいかげんなことはできません」と言う。卒業できない理由は、「無断欠席であったり、論文を出さなかったり。出席率もあります」ということだった。都連職員は、政経塾当日、一日がかりで準備を行う。

集まる受講生は、首都圏からが中心で、遠方からの者（例、北海道や沖縄県）も過去にいた。入塾資格の一つに、「自民党の政策を理解し、応援したい方。政治に関心のある方」という項目があるが、他党の党籍さえなければ問題ないため、いわゆる無党派層も集めることが可能である。入塾要件のハードルの低さも人気と関係していると考えられる。

塾生が集まりやすい環境であることは、反面、党勢次第で離れやすいことも意味する。選挙区の空白区の少なさもあり、自民党でなく他党から出馬した者もいる。とはいえ、仮に他党へ候補者が流出したとしても、多数の良い「出したい人」を潜在的な候補者予備群としてキープできるのであれば、自民党にとってメリットの方が上回る。

二〇二二年六月一六日、政府の衆院議員選挙区画定審議会は、一〇増一〇減を勧告した。[11] この勧告どおりに区割り変更を実施することになり、二八九の小選挙区のうち約三割が一都三県で占めた（二〇二四年衆院選）。自民一強と人口の東京一極集中であるならば、都連政経塾に候補者予備群が集まりやすい状況が強まる。

社会とのリンケージと「卵が先か鶏が先か」

政党が社会とリンケージし、共鳴するための経路は、様々ある。自民党が保守色を増した背景は、自民党自体が、又は日本社会全体の座標軸自体が右傾化したといった指摘がこれまであった。[12] 社会一般からの候補者公募と、党による候補者予備群の教育をセットで自民党が行ったことも要因の一つとして説明できよう。さらに、都連政経塾の例では、国政か地方政治かといった政治領域の区分を行っていない。同一の候補者予備群の中から、国政と地方へマルチレベルに人材供給される。自民党内の中央・地方関係でのリンケージは、こうした下地の人脈を押さえる必要がある。自民党が国政と地方の両領域で保守色を増した背景は、社会と党自身の間での相互作用（公募・候補者予備群教育がセットで媒介）がある。

以上、自民党は、地方政治学校という候補者予備群のプールを地方政治の空間まで拡大し、時間をかけて人材を育てる方向性である。これらは、候補者リクルート前から意図した戦略的な組織の緩い統合の一つの姿といえる。

2　党勢と小選挙区制によって大きく左右される候補者リクルート（立憲民主党）

対する立憲民主党の候補者リクルートの実態は、どのようになっているのか。本節では、立憲民主党の大西健介選挙対策委員長（当時）に話を聞く。[13]

経路依存性とトップ・マネジメントによるジェンダー平等

選挙には、毎回それぞれ特色がある。例えば二〇二二年参院選と二〇二三年統一地方選は女性の立候補の機会是正が一つの大きなトピックであり、二〇二四年衆院選でも引き続き注目された。自民党の場合、下村博文中央政治大学院学院長（当時）は、候補者リクルートのジェンダー平等について次のように語る。[14]

特に今、できたら女性専門の塾を作りたいです。それから、そもそも女性の受講者をもっと増やしていきたいと思っています。日本は、国会議員だけでなく、地方議員も含めて女性の比率が世界の中でもランキングとして非常に下位です。自民党が国民政党として、今後も幅広く各層の人たちを代弁するためには、もっと女性議員が増えることが必要だと思っています。しかし、女性には様々なハンディキャップがあり、意欲はあっても、「地盤、看板、鞄」があるわけじゃない人が、いくら優秀であっても手を上げることができません。女性をできるだけリクルートしていきたいと思っていますので、その受け皿として女性政経塾というものを是非作りたいと思います。自民党女性局の中でこれまで二回、特に意欲のある女性を中心に、「女性政治家養成塾」というものを始めました。そこで政経塾と同じように研修していますから、卒業した人を同時に都道府県連の政経塾に紹介するとか、中央政治大学院としてできるだけそういう人を応援して、もっと女性が手をあげやすいような状況を党としてバックアップしていきたいと思っています。

実際、二〇二二年七月の参院選では、自民党の比例区候補に占める女性の割合が目標の三割を超えるに至った。女性候補者数を増やすためには、前提となる候補者予備群の数を充実させる必要がある。自民党は、現職議員数が相対的に多いため、選挙区の空白区の少なさが問題となる。

他方、空白区が多かった野党第一党の立憲民主党の大きな特徴は、泉健太代表時代にジェンダー平等を全面に掲げた点である。その背景は、枝野幸男代表時代の旧立憲民主党（二〇一七年〜二〇二〇年）の経路依存性も無視できない。旧立憲民主党は、理念となる党綱領で、「私たちは、あらゆる差別に対して断固として闘います。性別を問わずその個性と能力を十分に発揮することができるジェンダー平等を確立するとともに、性的指向や性自認、障がいの有無などによって差別されない社会を推進します」と明記した[15]。

二〇二二年七月の参院選前時点での立憲民主党（泉健太代表、旧国民民主党出身）の執行役員会は、一二人のうち六人が女性であった。泉は、二〇二一年一一月の代表選で「ジェンダー平等について、『執行役員の男女比率を同率にし、発想を転換していきたい。多くの皆さまを活かすことができる、新しい時代のリーダーとして、立憲民主党を引っ張っていく』と意気込みを語り」、勝ち抜いた[16]。大西選対委員長は次のように語る。

幹事長という要職が西村智奈美議員、執行役員会メンバーの半数が女性という点は、女性候補者擁立の面で影響が大きいと思います。二〇二二年七月の参議院議員選挙では、女性候補者過半数を擁立する目標を掲げています。女性候補者擁立を積極的にはかっており、今回の参院選に向けて女性候補者サポートチームも新たに立ち上げました。サポートチームは、女性候補者特有の様々な悩み、例えば子育てしながらの政治活動、票ハラスメントなどの相談にのるとともに、研修も行っています。党職員もサポートしますが、職員数が限られているため、現職の女性国会議員等がメンターという形で様々な相談にのります。研修の内容は、ジェンダーの話や、街頭演説の見せ方など、オンラインと対面の両形式で行っています。現職国会議員（例、岡本章子議員、金子恵美議員など）や外部団体が講師を務めます。

このようにジェンダーの違いによるトップ・マネジメントの影響が、立憲民主党の候補者リクルートや候補者教育の各面で出現した。

県連レベルで政治スクールを実施

立憲民主党では、候補者を公募で絞り込む前段階で、自民党のような候補者予備群教育を実施しているのか。取材した当時、中央レベルではやっておらず（立憲民主党には自民党の中央政治大学院に当たる組織がない）[17]、多くの県連レベルでは政治スクール（「立憲アカデミー」という名称）として分化した対応となっていた。大西選対委員長は語る。

今の選対委員長の立場になる以前から、私自身もいろいろな県連に呼ばれて、労働法制のことなどの講演を行ったこともありました。現在、所属している愛知県連では、様々な政策分野の有識者、県議、職員を呼んでの講義、街頭演説の実地体験などもやっています。地方選の人材プールを作りたい意図もありますので、県特有の課題も扱います。統一地方選、場合によっては国政の候補者になり得る人を選抜し、実際に選挙に出すということをやっています。私の秘書の中でも、県連の政治スクールから県議選へ出馬した経験のある者もいます。

他方、次のような実態もあるという。

公募をかけた後、面談をします。しかし、公募で応募してくる人は、自民党や維新にも応募している人が割と多いです。とにかく政治家になりたいという人は、自民党の地方政治学校、維新政治塾、希望の塾へも通った経験のある方が結構多いです。選挙の「出たい人よりも出したい人」という考え方で言うと、公募も政治スクールも「出たい人」の方が多いかな、という印象を受けます。県連レベルで政治スクールを行うメリットは、地方紙でも広告を出しますが、やはり人づてで「出したい人」を集められる点です。全国単位での政治スクールだと、それは難しいと思います。

平成期の日本政治を振り返ると、たしかに党勢に勢いがあるときは、公募も用いた併用型での候補者リクルートを行う政党において、党派に区別なく、候補者予備群が大勢集まることが繰り返された。人づてで「出したい人」を集めることは、従来的な手法であるが、一つの解である。

通年公募と問われる候補者の質

立憲民主党は、二〇二二年二月一八日から通年で候補者公募を行うようになった[18]。公募で絞り込みをし、選挙区の決定と公認内定をした後、研修会を実施する。立憲民主党候補者公募特設サイトでは、「研修会は、選挙の基礎的な知識の講習やロールプレイ、ワークショップ等を通して、政治家になるまでの活動を疑似体験するような内容等を検討しております」と記載されていた[19]。研修内容の一端を大西選対委員長に教えてもらった。

今やっているのは、女性に絞った研修です。例えば二つの選挙戦（一人区と三人区以上の複数人区）のケースワーク、選対からの総括資料をもとにワークショップを行うみたいなことを行います。選挙戦独特の習わしや、空中戦、地上戦の違い、後援会の作り方など様々です。

実際は、国政・地方議会選挙とも人脈をたどって候補者を見つけることが多い。立憲民主党の国会議員の秘書から議員を目指す場合、公募に応募する。立憲民主党の候補者リクルートは、次の状況になっていたという。

候補者のリクルート状況は、正直余り芳しくはありません。他方で、党勢が良いときには候補者がどっと来ます。私は希望の党でも選対委員長を務めましたが、選対最初の仕事は衆院選の落選者の面談でした。希望の党落選者の多くは、希望の塾経由で出馬された方でした。選挙の何たるかが分からず、風に乗って出馬された方が多かったです。公募で応募したら、党の丸抱えで選挙をやってもらえると思っていらっしゃった方もいました。仕事を辞めて立候補したので生活面倒を見てくれ、という話が多いです。

党勢さえ良ければ「自分も国会議員になりたい」という人が大勢集まってきますが、それが果たして良いのかどうかというと、たくさん集まれば良いというものでもありません。旧民主党で、二〇〇九年総選挙で初当選した新人同期の一四三人は、二〇一二年総選挙で再選したのが五人（玉木雄一郎、岸本周平、奥野総一郎、後藤祐一、大西健介）です。まさに議員職はハイリスクです。どんなに優秀なバックグラウンドを持った人や能力の高い人であっても、小選挙区制のもとで「風」が吹けば落選します。中選挙区制時代では自分の努力で滑り込むことができましたが、小選挙区ではいかに努力しても吹き飛んでしまいます。

現在の衆議院議員選挙制度の下、野党の候補者リクルートの困難性を凝縮した言葉である。併用型の候補者リクルートゆえに政党が求める議員職の人材（「出したい人」）とのミスマッチを防ぐためにも、政党自身の情報公開や候補者予備群との十分なコミュニケーションが必要不可決である。その際、価値観や信念を短期間で繰り返し伝える必要性が生じる。しかし、議員当選後もなお第3章第2節のような課題が残されている。

立候補の高いハードルと解決されない落選者の処遇問題

選挙で立候補するには、本人の高い志とやりがい以外に、様々な障壁がある。被選挙権の年齢だけでなく、供託金の負担も含めた経済力、選挙活動の実務のノウハウ、インターネットも含めた広報技術、公職選挙法の知識、選挙運動が短いことに伴う事前の政治活動、万が一の落選や議員引退後の就職先など、枚挙にいとまがない。それゆえ、人的資源である個人後援会や秘書（選挙経験や法令知識を有する）を継承することができる世襲候補者が相対的に優位な立場になる。

議員職の魅力も変化してきている。国会議員の「待遇の良さ」は、世論の批判もあり、厳しい方向へと変わりつつある。地方議員についても、議員自身が魅力を感じているとの回答が少数という結果もある[20]。大西選対委員長は次のジレンマを打ち明ける。

「出たい人」については、うちから出馬して落選した者や、うちから出馬させられなかった方が、他党（例、日本維新の会）から実際に大勢立候補しています。他方、「出したい人」は、大方既に他の分野で活躍されている人と重なります。選挙で立候補するためには、今の仕事を辞めてもらう必要がありますが、議員職はハイリスクです。官僚出身者にしても与党では選挙区に空きがない一方で、現在の党勢ではキャリアを捨てての出馬はハイリスクであり、官僚からのリクルートも容易ではありません。

今の議員職のインセンティブは、党派に関係なく、「ハイリスク・ローリターン」である。仮に官僚出身者が元の府省に戻るとしても、埋まっている昇進ルートのどのポストに充てるのかが問題として浮上する。それゆえ、立候補者の属性に偏りが生じるだけでなく、候補者予備群の多くが「一か八か、選挙に出馬・当選してセンセイになろう」と考える人になってしまうおそれもある。さらに、その時々の党勢次第で、候補者の集まり具合に偏りが生じ続ける。

以上、長期化した「一強多弱」の構造は、国政・地方ともに候補者予備群レベルにも影響を与えていた。立憲民主党が躍進した二〇二四年衆院選の小選挙区において、候補者を擁立しきれなかった背景は、この点である。野党は、選挙の振り子現象などで生じた大量の落選者の処遇解決策を見いだせていない。これも候補者が集まらない一因と考えられ、時間をかけて育てた大勢の人材が流出する。選挙での敗北は、議員政党における組織文化と規範・連帯感による凝集性に動揺が生じる要因となる。交代したトップリーダーや優越連合が組織の目的、価値観や信念に対して疑念を深めると、最悪、解党に至る（例、民進党）。この点、正統性の源泉である党創業者の理念・哲学（例、維新と公明党）や理論（例、共産党）があらかじめ共有されていた場合、原点に返る契機となり、学習を深めることになる。

3　殺到する候補者予備群と短期間での候補者選定の課題（日本維新の会）

本節では、維新の候補者リクルートを扱う。日本維新の会の藤田文武幹事長（当時）に話を聞いた。[21]

短期間では難しい候補者の事前調査

議員政党における候補者予備群の集まり具合は、本章第1節と第2節で見たように党勢によって左右される。問題となるのは、選挙に「出たい人」（出世主義者）より「出したい人」が集まるかどうかである。議員の問題行動を生じさせないためには、候補者自身が望ましい倫理観を持つだけでなく、候補者選考の際のスクリーニング、候補者予備群・議員への教育、及び補佐・支援も含めたバックアップ体制（党官僚制の充実）もセットで重要となる。候補者の事前調査について、かつて馬場伸幸幹事長（当時）が塩田潮の著書のインタビューで、「個人情報の保護が言われる今の時代、『身体検査』と呼ばれる人物の事前調査は非常に難しいですね。SNSでチェックするとか、そのくらいしかありません。選考しているわれわれに目がないと言われると、まあそのとおりだと思いますが、現実には難しいです」と述べていた(22)。

維新は、全国政党化に向け、国会・地方議員ともに公募を中心に候補者募集を活発に行っている。実務上抱えている課題について、藤田幹事長に直接聞いた。

馬場さんが言うように、基本的に面接と書類で選考を行いますので、その人が本当に問題ないかどうかというのを隅から隅まで調べるというのは難しいです。と言っても、その難しさは民間企業と同じかと思います。それだけ我々選考側の目利き力が必要になるというのはあるとは思いますね。地方議員の選考の場合は、基本的に総支部が選考しますので、複数の目を通じたり、地元の人だったら地元での評判みたいなものは積極的にリサーチをかけなくても自然に入ってきたりするものもあります。公職の候補者を選考するわけですから、様々な評価軸で、できるだけ適正な候補者を選んでいく努力が必要だと思います。ただし、私たちの場合は、まだ党自体が発展途上ということもあり、良い候補者が手を挙げてくれるということ自体が多くありません。ですから、まずは維新の考えに共感して積極的に応募してくれる人の数を増やしたいというのが、今の中心的課題です。

このように維新では、議員数増加の意識が強いため（第1章第3節）、まずは応募者数を増やすという点が課題と認識されている。さらに、維新ならではの独特な候補者リクルートの考え方として、議員職を「転職先」として位

図2　第20回統一地方選挙（2023年）に向けた日本維新の会の候補者リクルート広告（日本維新の会提供）

置づけており、従来の政党になかった民間企業感覚が特徴である。図2は、第二〇回統一地方選挙に向け、二〇二二年一一月〜一二月を中心に、検索サイトのyahoo!で表示された日本維新の会のネット広告である。インターネットを介した就職活動に馴染みがあるのは、新卒採用の就職活動で「リクナビ」、「マイナビ」等を中心に活用していた世代、今の二〇代や三〇代が中心的である。実際、若者の意識は、転職に寛容的である。

候補者選定過程の内情

朝日新聞によると、松井一郎代表（当時）は、二〇二二年参議院選挙前の党首討論会で、候補者数について次のように述べている。[23]

> 討論会では、これまで所属議員に不祥事が目立ったとして、会場から「数をそろえるために何か無理をしているのではないか」と、候補者選定を疑問視する質問が出た。
> 松井氏は「自民党をピリッとさせるには数が必要だ」としたうえで、候補者選定は「執行部で面接し、一人一人の主張もペーパーで提出してもらっている」と反論した。ただ、「資質に疑いがあるとされる発言をする人も中にはいる」とも述べ、今後は「大勢で面接するとか二重に面接するとかして候補者を絞り込みたい」と対応策を述べた。

候補者選定過程の内情は、どのようになっているのか。藤田幹事長に聞いた。

近年は松井代表（当時）が候補者面接に入ることは少なくなりました。実は僕も公募選考の際に松井代表（当時）に面接をされていないです。面接は複数人でやっています。例えば僕の事例で言うと、四回面接して頂きました。一回目は、大阪維新の会の役員クラスの地方議員さん三人くらいでした。二回目と三回目は、順番は忘れてしまいましたが、当時の馬場幹事長、事務局と幹事長、地元選挙区の府議会議員です。最終は幹事長と面接だったかと思います。選考のタイムスケジュールは、時期によってはかなり早いスピードで決めることもあるし、面接の回数や内容はケースバイケースですね。今回のケース（二〇二二年参院選）だと僕（幹事長）と共同代表の馬場さんが最終面接を行います。くわえて、事務局から必ず一人ないし二人が入り、場合によっては選挙区内の地元議員に入ってもらうこともあります。仮に紹介の場合であっても、全ての方に公募の選考プロセスにのってもらうようにしています。国政選挙の候補者の場合、選考の意思決定は内定までを幹事長の責任で行います。もちろん代表の意見も随時聞きます。選挙の公認は、最終的には常任役員会の決裁事項なので、そこで決裁して確定するという流れです。

地方議会議員選挙についての候補者選定プロセスはどうなのか。

地方議会選挙の場合、都道府県議会、政令市、一般市、首長などの種類によって規則が少し違うのですが、基本的に都道府県総支部で内定し、党の常任役員会へ上申するという流れになります。ガバナンスについて総支部に注意をお願いしていることも何点かあります。例えば同じ選挙区に立候補する予定の現職議員が選考に加わることがないようにすることなどが挙げられます。ライバルになるのが嫌で優秀な候補者が来たら落としてしまうというような、変な感情が働かないように未然に防ぐように留意すべきです。流れはというと、大阪であれば大阪維新の会の役員会で内定までを決裁して党本部に上申する。本部が差し戻すことは権限的に可能なのですが、よほどのことがない限り地方の意思を尊重します。党組織も分権や自立を目指していますからね。

同じ選挙区に同じ政党の候補者が複数人存在する地方議会選挙で、維新が政党ラベルを活用できる背景は、こうした候補者選定プロセスの実務上の工夫がある。

応募した候補者予備群の特徴

候補者予備群の質がどのように変化しているのか、という点も見逃せない。維新の公募に応募する候補者予備群の特徴について、藤田幹事長が語る。

今回の参院選（二〇二二年）では四六人擁立したので、応募書類で言うととってもたくさん頂きました。数百人レベルでの公募がありましたね。書類選考の時点で本部事務局にも評価をつけてもらっています。僕は今回から選考に関わっているのですが、事務局スタッフが言っていたことで印象的だったのは、「今回の参議院選挙は、応募者の質が相当上がりました」ということです。元官僚の人、有名企業のキャリアの高い人、弁護士、税理士、医師など、会社を経営する実業家みたいな人も結構来ていました。あとは、地方議員さんからもたくさん応募がありましたし、地域的には全国から来ました。実は官僚も結構多く応募頂きました。現役官僚については、今回は擁立まではいかなかったのですが、様々な年代、様々な省庁の方が来ましたね。結構勇気づけられたのは、官僚から見て、維新は頑張っている、何か変えてくれそうなイメージがあるということ。

我々の風土として「官僚は命令する対象でも部下でもない。無礼なことをするな、適当に扱うな」というのがあります。官僚にしわ寄せがいっている非効率なことをやめようということも徹底してやっています。質問通告を期限ギリギリに出すなとか、何を想定問答に書いたら良いか分からない、騙し打ちのような質問通告は絶対するな、丁寧にやろうと。真正面から質問通告して、官僚とも事前に徹底議論した上で、さらに深い議論や問題の本質に迫っていくことを目指せと、僕は先輩議員から教わりました。官僚の皆さんの印象は多分悪くないんじゃないでしょうか。政策的には先進的な改革思考だし、政治姿勢も是々非々で前向きなので、改革派の官僚の皆さんの中に、僕たちにシンパシーを感じてくれる人は多いと。そういう内容を面接で話してくれる方が何人もいました。

維新政治塾出身者であることの政党側のメリット

ところで、維新の公募申請書や推薦申請書には、応募経験の欄がある。そこでは、大阪維新の会、日本維新の会、維新の党、おおさか維新の会及び維新政治塾についての各経歴が問われている。これ以外の党派について、公募経験や政治スクールへ通っていた経験など、選考過程の面接で聞かれるようなことはあるのか。

面接で聞きます。政治家はいずれにしても全ての経歴が調べられたり、晒されたりするので、どうせなら後で知るよりも、先に言っておいて欲しいですね。例えば他党に所属していたとか、他党を辞めたとか、他党の塾へ行っていたなど、分かるんだったら全部言っていただきたいというスタンスです。縁があってどこかの党にいて、何らかの理由で辞めたとします。辞めた理由にも、いい理由もあれば悪い理由もあります。辞め方がきれいだったとかゴタゴタしたとか。そのときどう考えたのかとか、どういう人間関係の対応や後始末をしたかとか。政治の世界も含めて、世の中狭いものですから、うそ偽りなく語っていただき、それを正当に評価するというのがフェアだと思っています。ですから、他党にいた方でも、その受け止め方次第で逆にプラスの評価の方もたくさんいることは事実です。

最後に、維新政治塾の出身者であることに、何か公募上のインセンティブがあるのか。

維新政治塾の出身であることはもちろんプラスです。維新政治塾に来てもらった人は、ちゃんと政策についても一通り勉強していますし、塾での人間関係もできている場合も多い。塾で担当だった議員の意見を聞くこともあります。今回の公募でも自民党の勉強会にいたり、自民党籍だった人もいました。あとは小沢さんの塾（小沢一郎政治塾）、希望の塾とかもいました。「みんな」もです。大阪にいたら維新塾の方がポピュラーですけれども、その他の地域でしたら、違うところで政治の門をたたこうと思う人がいたとしても全然悪いことではないと僕は思います。

今日の候補者リクルートと政治塾の関係は、切り離して考えることはできない。例えば二〇一六年一〇月三〇日に開講した希望の塾は、全国から四八二七人の応募に対して二九〇二人が参加した(24)。後の二〇一七年一〇月二二日の衆院選で、希望の塾出身者が希望の党の候補者として擁立されることになる。ちなみに、希望の塾は、二〇一六年に総額一億六八八一万円の受講料収入を得ていたのに対し、塾運営費としての支出額が二七三万二七五〇円にとどまっていた(25)。これだけの大勢の受講者に対して、果たして綿密な指導が行えたのか、疑問を禁じ得ない。自民党の都連政経塾は最大一〇〇人超程度で人数を抑制しており、第3章第1節で紹介する与党・民主党や政権復帰後の自民党の新人国会議員教育でも班に分け、目が行き届くよう工夫した。希望の塾は、単に政治資金の収入手段という目的になってしまった可能性も否定できない。維新政治塾については、第3章第3節で扱う。

4　長期選抜型のリクルートと定期的な世代交代による文化継承（公明党）

公募も用いた併用型での候補者リクルートを採用する議員政党の場合、党勢次第で大勢の選挙に「出たい人」（出世主義者）が集まりがちだ。候補者リクルートと候補者予備群教育は、特に議員政党において、選挙での単なる勝敗以上に組織文化の維持・変革と規範・連帯感による凝集性の観点から重要性を帯びる。翻って見るに、内部型の候補者リクルートを採用する公明党はどうか。選挙に「出たい人」が群がる前者の政党タイプとは様相が異なるものの、そこに組織政党ならではの問題や課題はないのか。そこで、公明党の候補者リクルートを扱う高木陽介選挙対策委員長・東京都本部代表（当時）に話を聞いた。(26)

「出したい人」を探し出す候補者リクルートの具体的方法

そもそも、公明党内の候補者の選定基準は、どうなっているのか。高木選対委員長は答える。

公明党内では、国政、地方議会選挙とも具体的な候補者の選定基準はありません。ただ、結党以来、「出たい人」より「出したい人」を選んでいるということはあります。公明党の結党理念である、「大衆とともに語り、大衆とともに戦い、大衆の中に死んでいく」（通称、「大衆とともに」）という精神を持ってやろうと。今日では、大衆や庶民という言い方は余りしないかもしれませんが、一般の市民感覚が分かる人というのは、とても重要なことです。一方、国政などでは課題が多角化しています。ですので、専門性を持った人も選んでいます。オールマイティーであるんだけれども、その中で一つ二つと経験を積みながら、その分野でエキスパートになっているということでも選んでいます。一概には「これだ」というのはないんですが、そういったものを意識しながら、各候補者選考を行っています。

「大衆とともに」という党の理念と専門性のある人材を選定している。では、国政・地方議会選挙の候補者をどのように探し出しているのか。

大まかな流れとしては、国政選挙、地方議会選挙ともに、都道府県本部単位で候補者選考委員会を作り、党本部に上げてきます。うちの場合は組織政党として各都道府県本部のもとに各総支部、各支部があります。支部長は、約三〇〇〇人近い各議員がなっています。四五万人（二〇二一年現在）の党員は日常活動を行っており、様々な党活動を通じながら、適格な人、人物の適正を見極めながら、地域で「この人は！」、「次の選挙でバトンタッチするときにはこの人がいいんじゃないか」とか、そういう中で選考しているのが現実です。

公明党は、外部向けの公募だけでなく、党内公募も行っていない。その理由は、「出たい人」よりも「出したい人」で選考を行うためである。高木選対委員長によると、「各政党も公募で人選していますが、公募での選考過程で適性があるのかを見極めるのは、なかなか大変だと思います。それよりは、日常の党活動を通じながら、『あの人は今こういう職業だけれども、こういう活動をしているね』というのが見えた上で、お声がけをするというのがパターンです」と言う。

第3章と関係する話として、候補者リクルート後、選挙前までにどのような研修を実施しているのか。

候補者のリクルート後、選挙前までに、都道府県本部ごとに研修会などを数次にわたって行っています。選挙に臨むわけですから、公職選挙法の様々な課題、選挙の運動の在り方、選挙運動と政治活動の違いなどをやります。選挙活動を始めると様々な相談事を受けたりしますので、市民相談の在り方も扱います。また、新人候補は先輩議員と一緒になって動いたりしますので、市民相談で受けた課題を解決するための適切な行政とのつなぎ方も学びます。様々な角度からの研修会も行っています。議員候補者は、能力的にも立候補以前に様々な分野でがんばってきた人たちですから、研修会で身につければ、当選して即戦力として動ける人でもあります。当選後の議員研修も含めると、他党と比較して緻密にやっていると自負しています。

公明党の「ジェンダー平等」の課題

近年の政治の大きな流れにジェンダー平等がある。「政治分野における男女共同参画推進法」（二〇一八年五月二三日公布・施行）はその象徴だ。その後も動きは続き、各党とも女性候補者を増やす努力を試みている。公明党はどのように考えているのか。

現在、公明党内では、国政、地方議会選挙とも女性候補者数を増やすための特別な取決めはありません。もちろん、男女共同参画、ジェンダー平等という観点というのは、極めて重要なテーマであると認識しています。これは結果的にという話なのですけれども、国会議員、地方議員合わせて二九五五人（二〇二二年五月三一日現在）おりまして、そのうち女性議員が九四〇人（三一・八一％）（二〇二二年五月三一日現在）います。これをもっと増やしていこうという意識は持っています。ただし、党内の役職の側面から見ると、各都道府県本部の代表については今現在、女性がいません。事情として考えられるのは、国会議員、県会議員の女性の割合が少ないことです。我が党だけではないと思うのですが、国会、都道府県会へ積極的に女性を擁立していく流れは必要であると認識しています。

高木選対委員長自身、肌感覚で次のように感じることもあるという。

うちの党の場合、議員が各支部の総支部長を兼ねるケースが多い。様々な課題解決に当たり、地方議会では自民党と組んで与党になっている場面も多々ある中、自民党との交渉役、また与党として、業界・団体と接触をし、意見を聞き、交渉する場など、案件が男性社会ではないかという気もします。

日本社会に目を移すと、性別役割分業意識だけでなく、各地域の組織や団体に存在する規範意識（組織の規範）[27]にも課題がある。それゆえ、日本政治のジェンダー平等の問題は、生活者（＝有権者）レベルに身近な組織や団体まで根を下ろす深い問題である。

世代交代と組織文化の維持・変革

ジェンダーの観点も含め、候補者リクルートが入口の部分だとすれば、議員引退は出口である。公明党内では、議員の定年制がある。党内の世代交代が常に一定のスピードで進展することは、議員の年齢層の偏り防止の機能を果たす。組織文化を維持・変革していく上で大切であり、高木選対委員長も次の認識を示す。

公明党の議員定年制は、国会議員、地方議員ともにあります（現役で六九歳を超えない）。地方議員は任期四年ですから、六四歳だと公認されます。国会議員についても衆議院は解散がありますので、これに準じる形でやっています。ですので、国会でも地方議会でも世代交代が上手くはかられているのは、そのとおりであると思いますし、必要なことです。「出たい人」より「出したい人」という意味では、次から次へと新しい血が入り、新陳代謝が図られることは組織にとって大切なことだと思います。

一方で、引退した議員も公明党の一員であることには変わりありません。一般市民に戻ったとしても、議員のOB・OGとして現職のメンバー・後輩たちとしっかり連携をとりながら、様々な角度から応援します。まさに「大衆の中に死んでいく」と。実際、国会議員を引退された方々には、常任顧問、顧問、アドバイザーという肩書を持ってもらい、しっかりとバックアップしてもらっています。また、同一の選挙区で議員交代が生じる場合、きちんと引継ぎも行っています。有権者側からしてみれば、「この人じゃなきゃ駄目だ」という思いがあっても、引退議員と新しい候補者との間できちんと引き継がれているので、安心感を与えるというのがあります。

そのほか、世代交代のメリットとして考えられるのは、共有手段である党内のデジタルDX化への対応である。この動きは、公明党が他党よりも早い。職員組織も含め、人材の世代交代が定期的に行われているのが大きい。議員であれ職員であれ、党内で特定の年齢層の塊が一気に組織から離れることは、それまで培った集団の知識と経験が失われるリスクもある。集団知を構成するのは、ベースとして個々人の知識と経験だからである。

自公間のパイプの継承

世代交代で考えさせられるのは、二〇二一年の衆院選以降、「自公のパイプの弱まり」という論説や記事をよく目にするようになった点である。[28] 自公間のパイプの強さと言えば、自民党側が大島理森議員、公明党側が太田昭宏議員、漆原良夫議員など、国対経験者が知られていた。「自公のパイプの弱まり」という点は、公明党の内部から見てどうなのか。自身が国対委員長の経験もある高木選対委員長は、次のように語る。

私自身は、マスコミが言っているほどのことではないと思います。たしかに、太田昭宏さんや漆原良夫さんのように、自民党と一緒にやっているな、と見える方が引退されると、「自民党と誰がやっているの」となります。しかし、今の執行部だけではなく、二〇年以上の自民党との連立の中で、チームで様々なチャンネルがあります。自民党側も定期的に人事交代しますから、公明党と親しい方、これから親しくなる方がいるのもたしかです。なので、何も公明党だけの話ではないんです。

私も選対委員長、国対委員長をやって、また選対委員長に戻って来ていますので、自民党の方々と様々なチャンネルがあります。それぞれの部門部門で長い付き合いがありますし、そのポストに就いたことでこれから付き合いが深まっていくという方もいますから、「パイプの細い太い」を言ってもしかたがないと思います。今目の前の話、これからの中長期の話、それぞれについてしっかりと協議する。生まれも育ちも違う政党ですから、お互いにお互いを認めた上で、それぞれが主張し、譲るものは譲るというのが、今まで自公が続いてきたコツ、肝じゃないかと思います。

平成期、自民党と民主党系の政党といった議員政党では、新人議員の大量当選と落選が繰り返された。情勢次第で選挙ごとの議員の入替えが余りにも激しくなると、新人議員が継続して当選できず、中堅議員層も必然的に薄くなっていく。この点も組織文化の維持や政党間の人脈面で考える必要がある。

SNS媒体を用いた有権者との接触

公明党は、二〇二一年の衆院選で、公示前から三議席増の三二議席を獲得した。比例区の票は、再び七〇〇万票台にのせた。この勝因は党内でどのように認識されていたのか。

二〇二一年総選挙での勝因については、「なかなかこれだ」と言い切れるものはないです。とはいえ、何よりも言えるのが、党員・支持者の方々の本当に真剣な真心の御支援をいただいて、運動量も含めて活動を活発にやっていただいたことが最大の勝因であり、感謝の思いでいっぱいです。その上で、コロナ禍でしたので、衆院選の前に都議選（二〇二一年七月四日）がありましたが、今までとは違う運動の仕方を工夫しながら、対面が厳しい場面も多々ありましたので、SNSとか、特に動画を通じながらネットも駆使したり、様々な運動を展開しました。そのことが、何票増えたのかといった効果を分析してもしきれないのですが、違うことをやったなと。あとは長年やってきました、特に比例区での自民党との選挙協力も含めた保守層、企業、団体、こういった取組もいつも以上に綿密に行いました。こういうことが得票増につながったなと思います。

二〇〇五年の郵政選挙での過去最高得票数（比例票）以降、徐々に下がり始めていますが、この要因はいったい何なのか。様々な見方がある中で、投票率が下がると、全体的に公明党の票数も減少しているのはたしかなんです。今回（二〇二一年衆院選）も投票率がさほど上がっていませんでしたが、票数が伸びたのは頑張りの部分、今までやってこなかったネットの部分だと認識しています。今までもネットの部分はやってきましたけれども、今回特に力を入れてやりました。うちの場合には、放って置いても票を入れていただける人は少ないと思います。触れた分しか票にはなりません。自民党や野党第一党は、お願いをしなくても有権者が票を入れてくれます。そんな中で、支持者の方々が選挙の運動量として奮闘していただいたのと、ＳＮＳ等でふれた、そういうものが相乗効果として結果に結びついたものと認識しています。

無党派層が多い中で、支持層拡大や党勢拡大のために何か特筆すべき取組を行っているのか。

時代の流れかと思いますが、Ｔｗｉｔｔｅｒ、インスタ、ＬＩＮＥといったＳＮＳを通じた取組は大きな武器だとは思います。「公明党チャンネル」、「山口なつおチャンネル」といったＹｏｕＴｕｂｅでの動画配信もあります。昨年（二〇二一年）の衆院選でもやり、参院選（二〇二二年）でも取り組んでいます。党員や支持者の方、応援してくださる方が、ＳＮＳや動画を見て拡散してくださいます。これが取っ掛かりとなって、公明党があったね、公明党はこういうことを考えているのかというのが少し分かるようになります。無党派層について言えば、現在の政治状況は、左右両方に偏っている部分があるのではと思っています。うちは中間層を捉えなければいけないので、取っ掛かりをネット通じて行うというのはあります。公明党に触れていない層をどんどん増やす。具体的には若い層です。

公明党の青年委員会では、「ＶＯＩＣＥ ＡＣＴＩＯＮ」（ボイスアクション）という取組を行いました。各党員、青年党員を中心に議員も加わって、全国規模で街頭アンケート調査を行う運動を行っています。今回、約二三万の声が集まりました。若い人の意識の紹介や要望を整理し、発信もします。今までの触れていない層への接触については、かなり意識的に、戦略性を持ってやっています。

ＳＮＳや動画配信は選挙のときだけやっても駄目。恒常的にそういう運動をやれば、最初は花が開かなくても、やがてというのはあります。「公明党ってこういうことやっているね」ということがある程度広がっていれば、政党支持率が上がることも可能なんだと思っています。

支持母体による候補者支援

公明党だけでなく、自民党にも関係する話として、創価学会について少し補足したい。公明党と支持母体の創価学会をつなぐ存在となっているのは、対外的には創価学会の社会協議会、理念と歴史の上では故・池田大作氏（公明党にとっては党創立者、創価学会にとっては名誉会長）の存在のみである。現在、創価学会は、日常活動（宗教的な活動）以外で、平和運動、文化運動及び教育運動を中心に活動している。政治は一部にすぎない。創価学会が公明党に限らず、特定の候補者を支援するか否かを決めるのは、組織上は社会協議会が担当する。社会協議会は「中央、方面、都道府県にそれぞれ設置され」、その役割は「中央会議や方面・県運営会議等より検討を委ねられた社会問題についての見解ならびに、国政・地方選挙に関する対応について、協議・決定する」ことである。(29) 中央の社会協議会は主に衆参国政選挙、都道府県は都道府県議会選挙や首長選挙、方面は広域的な調整を担う。

支援の原則は、萩本直樹中央社会協議会議長の談話によると、次のとおりである。(30)

国や地方自治体の選挙に関する創価学会の対応は、中央社会協議会や各都道府県社会協議会等で検討し、決定することになっています。その際の判断基準は、予定候補者の「所属政党」ではなく、飽くまで「人物本位」であり、予定候補者個々の政治姿勢、政策、人格、見識、これまでの実績、及び学会の理念に対する理解などを考慮して、選挙のたびごとに、その都度、創価学会として主体的に評価し、判断することが従来の原則であります。

今後もこの基本方針に基づき、さらには創価学会の社会的使命の大きさに鑑み、各社会協議会等での検討に際しては、より一層、「公人としてふさわしい人格や識見を備えている」、「国民から信頼され、国民に尽くすことができる有為な人物である」等の点を、党派を問わず厳しく見極めた上で、「人物本位」で判断してまいりたいと思います。

ここにあるように「人物本位」が最重要視されているが、六項目の詳細な考慮事項（①政治姿勢、②政策、③人格、

④見識、⑤これまでの実績、⑥学会の理念に対する理解など）も示されている。そこで、どのように決めているのか、創価学会広報室へ話を聞いた[31]。

学会広報室によると、各レベルの社会協議会での話合いでの評価が基本となり、支援が決められるという。学会員も当然に地域に住んでいる住民であり、当該候補者の地域における素行や評判が自然と伝わる様子である。すなわち、長い期間をかけて観察している。

「今後の政治に対する基本的見解」

先の「人物本位」の出典先は、一九九四年一一月一〇日の第三五回総務会で決定された「今後の政治に対する基本的見解」である。今日でも有効であり、影響力を有している。当時は、この一カ月後の一二月一〇日に新進党結成大会があり、学会も「結党30年を迎えた公明党も発展的に『新・新党』に参加するという新たな段階を迎えている」と認識していた[32]。当時の公明党について、次のように肯定的に評価している[33]。

一、公明党は、左右のイデオロギーの不毛な対立の狭間で、置き去りにされていた庶民の声を代弁し、「平和」・「人権」・「福祉」という新しい政治の流れを定着させるために大きな役割を果たしてきた。この間、創価学会は、支持団体として公明党を継続的に支援してきた。

その上で、今後（一九九四年時点）の政党に対する支持の基準は、「『生命の尊厳』等の普遍的な理念を大前提として、『人権と信教の自由』『平和と国際貢献』『文化と福祉』『庶民感覚と清潔な政治』等の視点を含め総合的に判断する」とした[34]。

基本的見解の中に、「一、ただ学会員個人個人の政党支持は、自由であることを再確認しておきたい。」という一文がある。(35) 広報室に聞くと、「飽くまで自由であるが、候補者と接するなどして、社会協議会で決めた候補を支援する会員が多い」とのことだった。

示唆される候補者リクルートの方向性

以上、本章では、各党の候補者リクルートを分析してきた。議員政党は、党勢次第で候補者予備群の集まり具合が大きく左右される。背景として、選挙制度の影響も考えられる。それゆえ、立憲民主党は、一強多弱の状況下で、候補者リクルートでかなり苦慮していた。他方、自民党は、都連政経塾を代表例に、地方政治学校に多数の候補者予備群が集まる。現職議員が多いため空白区が少なく、候補者の厳選も可能だ。組織政党の公明党は、地域住民でもある周囲の者が当該者を党員時代から時間をかけて観察できる。候補者予備群が殺到した維新の場合は、たしかに面接を複数回行っており、面接官も複数人いた。ただし、他党と比較して維新の候補者選考で不足しているのは、時間と空間の使い方が課題と考えられる。

候補者リクルートの方向性としては、当該者の公募応募前での党内や地域における評判、評価などを含めて扱うことである。党員、地方議員及び政党職員を多く擁している政党は、それだけ異なる多数の目がある空間を利用でき、スクリーニングでアドバンテージとなる。また、小選挙区制が存在することを前提とすれば、様々な民意を収集・集約できるようにするためにも人材を多様化し、環境変化に適応する必要がある。いずれにせよ、候補者リクルートの時間軸と空間軸の両方を拡大する方向性が重要である。

（1）濱本真輔、前掲『日本の国会議員――政治改革後の限界と可能性』一一頁。

（2）同上、一六―一七頁。

（3）「自民、『敵失』追い風　谷垣氏続投、反転攻勢へ　参院選、民主の改選議席上回る」『朝日新聞』二〇一〇年七月一二日朝刊。

（4）ＴＯＫＹＯ自民党政経塾ＨＰ「出身議員等」二〇二一年三月五日現在
https://www.tokyo-jimin.jp/seikei/graduate_member.html　（二〇二一年五月一九日閲覧）。

（5）同上。

（6）自由民主党東京都支部連合会　八木洋治事務総長へのインタビュー（二〇二一年五月二〇日）。以下、特別な断りがない限り、同じものとする。

（7）ＴＯＫＹＯ自民党政経塾ＨＰ「講師実績」
https://www.tokyo-jimin.jp/seikei/lecturer.html　（二〇二一年五月二三日閲覧）。

（8）ＴＯＫＹＯ自民党政経塾ＨＰ「募集要項」
https://www.tokyo-jimin.jp/seikei/essentialpoints.html　（二〇二一年五月二三日閲覧）。

（9）自由民主党東京都支部連合会「収支報告書」（令和二年分）
https://www.senkyo.metro.tokyo.lg.jp/uploads/02teiki-jimin_34.pdf

（10）ＴＯＫＹＯ自民党政経塾ＨＰ「講師実績」
https://www.tokyo-jimin.jp/seikei/lecturer.html　（二〇二一年五月二三日閲覧）。

（11）「衆議院小選挙区 区割り変更『10増10減』」ＮＨＫ選挙ＷＥＢ、二〇二二年一二月二八日
https://www.nhk.or.jp/senkyo/database/shugiin/redistrict/　（二〇二三年四月一四日閲覧）。

（12）詳細は、中北浩爾『自民党政治の変容』（ＮＨＫ出版、二〇一四年）、中野晃一『右傾化する日本政治』（岩波書店、二〇一五年）などを参照のこと。

（13）立憲民主党　大西健介選挙対策委員長（衆議院議員）へのインタビュー（二〇二一年五月一〇日）。以下、特別な断りがない限り、同じものとする。

（14）自由民主党　下村博文中央政治大学院学院長（衆議院議員）へのインタビュー（二〇二一年五月一六日）。

（15）立憲民主党ＨＰ「立憲民主党綱領」
https://archive2017.cdp-japan.jp/about-cdp/principles　（二〇二一年六月二二日閲覧）。

（16）立憲民主党ＨＰ「【代表選挙共同記者会見】逢坂誠二、小川淳也、泉健太、西村ちなみの4候補が決意表明」二〇二一年一一月一九日
https://cdp-japan.jp/news/20211119_2587　（二〇二二年五月一二日閲覧）。

（17）その後、立憲民主党は、二〇二四年に初めて党中央レベルで「りっけん政治塾」を五日間の日程で開催した。具体的には、六月二二日（泉健太代表「立憲民主党」※リアル・オンライン併用）、六月二九日（西村智奈美代表代行「立憲民主党が目指す多様性を認め合う社会の実現」※オンライン）、七月六日（山田勝彦衆院議員「選挙に出るということ」※オンライン）、七月一三日（長妻昭政調会長「立憲民主党の経済政策」（仮）※オンライン）及び七月二〇日（枝野幸男前代表「立憲主義とは」（仮）※リアル・オンライン併用）である。オンライン含めてそれぞれ計約二五〇～三五〇人が受講している。
立憲民主党ＨＰ「りっけん政治塾」
https://cdp-japan.jp/info/seijijuku　（二〇二四年九月三〇日閲覧）。
「立民、政治塾が最終講義　衆院選へ候補者積み上げ」共同通信社、二〇二四年七月二〇日
https://www.47news.jp/11223821.html　（二〇二四年九月三〇日閲覧）。

（18）立憲民主党ＨＰ「【泉代表】一般候補者公募スタート　『どうせ変わらないから、どうせなら変えようへ。』」二〇二二年二月一八日
https://cdp-japan.jp/news/20220218_3054　（五月一二日閲覧）。

（19）立憲民主党候補者公募特設サイト「一般候補者公募」
https://koubo2022.cdp-japan.jp/general_candidates/　（二〇二二年五月一二日閲覧）。

（20）ＮＨＫスペシャル取材班『地方議員は必要か　3万2千人の大アンケート』文藝春秋、二〇二〇年、一八三－一八四頁。

（21）日本維新の会　藤田文武幹事長（衆議院議員）へのインタビュー（二〇二二年七月一三日）。以下、特別な断りがない限り、同じものとする。

（22）塩田潮、前掲『解剖　日本維新の会　大阪発「新型政党」の軌跡』二二八頁。

(23)「松井・維新代表『大勢で面接する』　所属議員の不祥事巡る質問に」『朝日新聞』二〇二一年六月二二日朝刊。
(24)「小池都知事が塾長　『希望の塾』スタート」日テレＮＥＷＳ、二〇一六年一〇月三〇日 https://news.ntv.co.jp/category/society/345100（二〇二二年五月一五日閲覧）。
(25)「政治資金報告書　小池知事の『希望の塾』収入１・６億円」毎日新聞ニュースサイト、二〇一七年一一月一六日 https://mainichi.jp/articles/20171116/k00/00e/010/258000c（二〇二二年五月一五日閲覧）。
(26)公明党 高木陽介選挙対策委員長・東京都本部代表（衆議院議員）へのインタビュー（二〇二二年五月二六日）。以下、特別な断りがない限り、同じものとする。
(27)前田健太郎『女性のいない民主主義』岩波書店、二〇一九年、一七‐一八頁。
(28)米津絵美・初田直樹「自公政権に すきま風?〜細るパイプの先は〜」ＮＨＫ政治マガジン、二〇二二年二月一六日 https://www.nhk.or.jp/politics/articles/feature/77554.html（二〇二二年六月二四日閲覧）。
(29)創価学会広報室『ＳＯＫＡ ＧＡＫＫＡＩ ＡＮＮＵＡＬ ＲＥＰＯＲＴ　２０２１年活動報告』創価学会広報室、二〇二二年、二〇頁。
(30)創価学会ＨＰ「総本部で中央社会協議会　選挙支援の原則を確認　参院選比例区の公明党支持を決定」二〇二二年一月二八日 https://www.sokagakkai.jp/info/2001324.html（二〇二二年四月一八日閲覧）。
(31)創価学会広報室へのインタビュー（二〇二二年四月八日）。以下、特別な断りがない限り、同じものとする。
(32)創価学会広報室、前掲『ＳＯＫＡ ＧＡＫＫＡＩ ＡＮＮＵＡＬ ＲＥＰＯＲＴ　２０２１年活動報告』七一頁。
(33)同上。
(34)同上、七二頁。
(35)同上。

第3章　候補者予備群・議員教育の内実

候補者リクルートと候補者予備群・議員教育は、当該個人の政治家としての質向上や政党組織内での社会化を考える上で、セットである。ただし、教育の方法や考え方で差が生じる要因は、候補者リクルートの方法だけでなく、国政・地方での与野党の立場や、政党規模の差による影響も考えられる。

公募も用いた併用型の候補者リクルートを展開する議員政党（自民党、立憲民主党、日本維新の会など）の場合、学歴が優秀で社会で経験も積んでいる人材を広く集めることが理論上可能となる。ただし、第2章で見たように、前提となる候補者予備群をまずは募集するが、実際に期待する人材が集まるかは別である。往々にして選挙に「出たい人」（出世主義者）が集まり、党勢次第で人材の集まり具合に大きな波もある。選挙前からのこの波は、国政の選挙制度による影響を無視し得ない。当該政党が候補者予備群人材で国政と地方政治の区別をつけていないとするならば、地方議会選挙の候補者リクルートへも効果が波及する可能性がある。そして、候補者予備群を教育し、場合によっては短期間で「出したい人」の候補者発掘とスクリーニング作業を行う必要がある。

他方、内部型の候補者リクルートを採用する組織政党（公明党と日本共産党）では、候補者予備群の人材が党員・政党職員の数と質によって左右される。それゆえ、「出したい人」を擁立するためには、党員・政党職員レベルからの教育に重みを持つ。日常的な学習・コミュニケーションのための共有手段を充実し、社会化させる必要がある（以上の点は第4章で扱う内容と密接に関係する）。具体的には、リアルな場とデジタル媒体を使い分け・併用しつつ、支部会活動、広報活動、政党機関紙、学習・講演会、選挙応援、余暇・娯楽、さらには場としての政党の建物などといった交流機会が該当する。このような機会に、党の目的、価値観や信念が陰に陽に繰り返し伝えられる。こうして時間と空間を使った候補者発掘とスクリーニングが可能となる。

それでは、候補者予備群や議員を対象とした「教育」とは、どのように理解すれば良いだろうか。そもそも、教育という言葉自体が多義的である。例えば二つの観点から考えてみよう。一つは、教育学分野の視点からである。教育の手段を系統主義（学問に沿って知識を積み上げる系統学習）と経験主義（体験的な活動を通じた問題解決学習）に分けて理解する方法である。政治にかかわる人材の修練については、政治学の文脈においてもかつて飯尾潤が次の指摘をしている。(1)

政治をめざす人材とともに、政治家となった人々の資質を上げるために、人材育成のための機会を提供することは、第一義的には政党の職務である。しかし、現状において政党にそのような能力が不足しているとすれば、社会的に人材育成の機会を提供することにより、まずは人材の質を上げ、それが政党を強化して、いずれは自律的な人材育成が恒常的に行われるように誘導することも必要であろう。その場合には、単なる連続講演会や知識の詰め込みではなく、実践的な場で思考力を強化していくような方法がとられるべきである。

やはり系統主義と経験主義に分けた理解の仕方である。

もう一つは、組織学習の視点からである。ここでいう学習とは、「意思決定や行動のパターンが変化し、それが一時的なものでなく定着したこと」を指す。(2) そもそも「組織の行動能力は、組織のもつルーティンに依存している。したがって組織学習は、組織がもつルーティン（行動プログラム）の変化プロセスとして定義される」(3)。その「組織ルーティンは、公式の文書として制度化されている諸規則・手続き、組織構造だけでなく、メンバー間に暗黙のうちに共有されている組織文化や、個人の頭脳に記憶されている知識等の形態をとっている」[4]。組織学習については、詳論を省くが、経験から学習する個人の信念・個人の行動・組織の行動・環境の変化のサイクルや、深耕型学習・探索型学習などが該当すると考えられている。組織学習を候補者予備群・議員教育の実施過程でどのようにデザインするのか、探求すべき課題である。

本章では、こうした教育の二つの観点にも留意しつつ、候補者リクルートと同様、政党の情報公開の壁で余り明らかとなっていない候補者予備群・議員教育の内実を扱う。

1　「振り子現象」克服への取組と変貌する中央政治大学院の役割（自由民主党）

本節では、議員政党で併用型の候補者リクルートを採用している自民党を扱う。自民党の総務会は、二〇二二年五月三一日、党の行動規範や組織規範となる「ガバナンスコード」を初めて了承した[5]。このガバナンスコードを点検すると、五原則・二五項目のうち、四項目（「原則1―4　豊富な研鑽・人材育成機会の提供」、「原則2―4　立候補予定者等の発掘、育成システムの強化」、「原則2―5　党及び議員事務所の職員等への教育、研修及び育成」及び「原則5―4　コンプライアンス研修の受講徹底」）の中で、「研修」という言葉を使用しており[6]、教育重視を打ち出している。地方議員も例外ではない。二〇二三年七月一九・二〇日、自民党は、都道府県議会議員の「初当選研修会」を党本部で実施し、対象を地方政治の空間にも広げた。

自民党の候補者予備群教育を第2章第1節で先に論じたが、議員教育はどう展開されているのか。自民党史を振り返ると、ある共通点が見えてくる。それは、新人議員の大量当選への対応である。対応主体は、党執行部、党本部（統合型）及び派閥（分化型）に分けられる。時代をたどると、派閥から党執行部、そして党組織へと重点が移りつつある。

派閥が若手議員の研修会を開催

中選挙区制時代、自民党の議員教育の主体は、派閥であった。一九八六年一〇月一六日の読売新聞では、新人議員教育の萌芽を確認できる。(7)

自民党の各派が、最近、そろって若手の〝研修〟を開始した。政治、政策の「勉強会」と銘打って、すでに中曽根派が会合を重ねているほか、十五日には、田中派が初会合を開いたのに続いて、安倍派も開催を決め、ちょっとしたブームとなっている。先の衆参同日選挙で各派とも新人議員を大量に当選させたため、その〝オリエンテーション〟（政治活動に関する指導）が主な目的だが、総裁候補を抱える派閥には「早く一人立ちして、戦力になって欲しい」との期待もあるようだ。

背景を少し補足する。中曽根総理の「死んだふり解散」による衆参同日選挙（一九八六年七月六日）で、自民党は衆議院で公認候補だけで三〇〇人当選（追加公認含めると三〇四人）という大勝をおさめた。(8)前回の一九八三年一二月一八日衆院選の二五〇人（追加公認入れて二五九人）から大きく増えたため、新人議員の面倒をどう見るかという問題点が生じた。そこで、若手議員を集めた「勉強会」が行われることになった。中曽根派では、パーティーの開き方など政治資金の集め方、公共事業の予算獲得法、陳情処理のノウハウ等がテーマになっている。

党執行部主導で新人議員研修会

中選挙区制時代、新人議員の大量当選は、飽くまで例外的事象であり、党内マネジメントやガバナンス上、そこまで大きな課題とならなかった。選挙ごとの議席数の変動が顕著になったのは、小選挙区比例代表並立制が採用されてからである。典型例は、二〇〇五年九月一一日の小泉純一郎総理による郵政選挙である。

郵政選挙で初当選した83人の新人議員は〝小泉チルドレン〟と称された。選挙後、間髪を入れずに、「小泉首相（自民党総裁）の『脱派閥』のかけ声で新設された自民党の新人議員研修会が［9月］20日、初めて開かれた」[9]。党執行部主導の研修内容は、前述の派閥主体のものと異なる。具体的には、「研修会の講師役は政調会長や国会対策委員長らが務める。国会運営、党務、政策決定の仕組みのほか、財政、社会保障、憲法などの政策課題についても講義する」と紹介され[10]、系統主義的な対応もされている。「国会議員にとってはイロハである予算編成の過程や政策決定の仕組みの研修、小泉首相とのカレーライス昼食会……。武部氏らは、新人議員全員を対象に異例の手厚いサービスを与え続けた」[11]。財界幹部との懇談や、総理とのツーショット写真撮影も行われた[12]。

総裁選を左右する「数は力」になる新人議員たち

とはいえ、大勢の新人議員の人数は、「数は力」でもある。当時の自民党新人衆議院議員の割合は、党内の衆参両議員を分母として二〇・三九％。自民党総裁選（二〇〇六年九月）に大きな影響を及ぼす。例えば二〇〇六年二月二日付けの朝日新聞では、「新人議員82人の中で44％の36人がすでに派閥入りしている」と紹介されている[13]。当時の各派閥の勢力は、第一派閥である森派（清和政策研究会）の八七人のうち、一四人が新人議員で占めた[14]。第二派閥となった津島派（平成研究会）では七二人のうち、新人議員が三人にすぎない[15]。新人議員の多くは、小泉の出身派閥であった清和政策研究会入りを選択した。清和政策研究会からは、安倍晋三、福田康夫と、総理・総裁を輩出した。

派閥でしか担えない新人議員教育の機能も残っていた。それは、人脈作りとそこから得られる情報という経験主義的な内容である。郵政選挙後、当時の「伊吹派の島村宣伸・前農相は『新人は役所に行くのにも、誰を訪ねていいか分からない。そんな時に先輩議員が紹介できる』と指摘」している[16]。新人議員が派閥入りした理由は、「『陳情の受け方や人脈作りは党の研修だけではわからない』『政局の動向は無派閥ではだれも教えてくれない』」といったものが挙げられた[17]。さらに、ポストの昇進である。小泉政権下でも「主に若手が就く副大臣・政務官や党の部会長などのポストは、派閥の推薦に基づいて行われてい」た[18]。

民主党も直面した新人議員の大量当選

新人議員の大量当選にどう対応するかという課題は、二〇〇九年に政権を獲得した民主党（三〇八議席）も抱えた。民主党政権で問題となった党内の一体性やガバナンスについては、平成以降に常態化した連立政権下での与党間関係をどう構築するかという点だけでなく、連立政権を安定させるために大勢の新人議員とどう向き合うか、という点とも密接に絡み合った。二〇〇九年衆院選で初当選した民主党の議員は一四三人おり、党所属衆議院議員の四六・四三％を占めた。結論を先に述べると、民主党の新人議員教育の特徴は、他党と比較して相対的に党の理念や歴史よりも、国会対応の要素が強いと考えられる。これは、経路依存性の観点から、本章第2節で扱う立憲民主党も引き継いでいるように思われる。

小泉時代、武部勤幹事長など党執行部が実務を担って新人議員研修会が展開されたが、発案者であった小泉総理・総裁自身も関与した。他方、民主党での新人議員研修会については、管見の限り、鳩山由紀夫総理・代表が積極的に関与した形跡が見当たらない。なぜなのか。

政権発足（二〇〇九年九月一六日）直前の九月五日、小沢一郎衆議院議員は、鳩山代表との会談内容について、「政府のことに関しては『私がやります』と。党務に関しては『幹事長にしっかりやっていただきたい』と申し上げました」と明らかにした[19]。内閣（鳩山）と党（小沢）の役割分担がこのとき明確化された。しかし、役割分担を明確化して分化することは、省庁の分担管理の原則や三権分立における行政権の控除説のように、当該セクションが他のセクションへ積極的に関与やコミュニケーションすることを防ぐ意味合いを持ち、セクショナリズム化するおそれもある。統合の問題とも切り離せない。もちろん小沢自身のパーソナリティの要因もある。実際、政権発足早々に、「小沢一郎幹事長になって初の民主党役員会が13日開かれた。同党は『政府・与党の一元化』をめざしてきたが、鳩山由紀夫党代表（首相）が『政策は政府、選挙と国会運営は党』と仕切り、政府・与党の『二層構想』がくっきりしてきた」と変化が報じられた[20]。

鳩山代表をはじめ政府入りした議員は、党から切り離された。党所属議員のうち、政府内に約六〇人が入り、政府外に約三六〇人が残った。通常、政府へは当選回数を重ねた議員らが入るため、党内に残った新人議員の割合は高かった。内閣は政策決定と法案提出を、党は国会運営と選挙対策の役割を担うことになった[21]。問題は、党に残った大勢の新人議員に小沢幹事長がどう対応したのかであった。彼らを掌握することは、小沢幹事長の党内権力の基盤強化につながる。他方、もし新人議員が集団としてまとまれば、彼らが党内議論を大きく左右する可能性も秘めていた。いずれも自民党の二〇〇六年総裁選と同様、「数は力」である。

新人議員教育の「管理教育」化

民主党内での新人議員教育は、自民党の小泉時代が手探り状態から始めたのに対し、「管理教育」の様相を相当程度強めた。新人議員の教育は、二〇〇九年一〇月一三日の研修会からスタートした。一三〇人が出席し、先輩議員や国会職員から国対委員会の役割などを学んだ。[22] 当時の朝日新聞には、「国対副委員長が指導する『勉強会』も発足する。社会人の経験が少ない議員も多く、『会議に遅れるな』『中座もするな』などのマナーも教わる」という紹介がある。[23] 短期間で数をそろえるため、候補者選考での事前調査の甘さと時間をかけた選考ができていない点に気づかされる。国対の勉強会は、朝八時三〇分からである。「新人教育は十数人単位の班ごとに行われるが、班長となった中堅の国対副委員長らも指導の成果を問われる」。[24] 新人議員教育の様子を朝日新聞が次のように報じた。[25]

衆院本会議や予算委員会の日。民主党の新人議員たちは国会内での「朝礼」を終えると、10班に分かれてミーティングに移る。10人の班長は中堅の国対副委員長らだ。

「黙って聞け！」「お前らはどうなんだ！」。予算委員会には常に2班が乗り込み、ヤジを飛ばす。昨年の臨時国会ではヤジの飛ばし方も教育された。「朝礼」では小沢氏に近い山岡賢次国対委員長が訓示。教育方針には小沢氏の意向が反映されている。いわば「小沢5原則」だ。

その一つが「党内の出来事はすべて班長に報告」。班別行動は班長が新人を把握し、執行部の意向に反する不穏な動きに備え、新人たちの連携を分断する狙いから。非小沢系の議員グループの会合が、新人議員の報告で発覚したこともある。

情報の扱い方の認識は「情報は力」であり、心理的安全性と真逆の状態である。新人議員同士の相互監視だけでない。新人議員の様々な情報の入手・共有の場と学習の機会は、党政策調査会の廃止、議員立法の制限、議員連盟の登録制による活動管理、政府要職への登用阻止、陳情処理の幹事長室への一本化（与党・自民党は陳情のノウハウを派閥内で新人議員に教えていた）など、次々と制約を受けた。

政権復帰後の自民党と派閥に残された情報の入手・共有の場

二〇一二年一二月一六日の衆院選で、自民党と公明党は政権に復帰した。二〇〇五年当時と大きく異なるのは、彼ら自民党新人議員の候補者予備群時代に、第2章第1節で論じた地方政治学校が既に稼働し始めており、人材の同質性形成、価値観や信念の共有、政策の学習などをしていた点である。国会議員の多忙な日程の中に、議員教育のカリキュラムを一から組み込む必要性が低下した。

自民党では、一一九人の新人議員が当選（いわゆる安倍チルドレン）し、二〇一三年一月二二日から新人議員の研修会が行われた。当時の朝日新聞には、「研修会は、議員の教育機関を派閥から党に移すことを目指す石破茂幹事長の発案で始まった」とある。[26]「石破氏らは振幅の大きい小選挙区制度で新人を勝ち残らせるため、地元での活動を管理して選挙対策を徹底させる考えだ」った。[27]毎日新聞は、「自民党の組織は、野党時代に支持団体が離れ弱体化した。このため政権復帰以降、かつては派閥が行っていた新人議員教育を党本部主導に変更。後援会組織の作り方や支持者との付き合い方など、伝統的な選挙組織作りを新人議員に教え込んだ」と端的に指摘する。[28]すなわち、候補者予備群教育を担う地方政治学校の存在を前提に、議員教育では日常活動の選挙対策に時間をかけることも可能とした。

政権復帰後の新人議員研修会では、「新人を10班に分け、国対会議への定期的な出席や本会議の出欠のとりまとめも義務づけ。研修会への出席も互いに監視させ」た。[29]自民党青年局も二〇一三年二月一〇日に新人議員の研修会を行い、「石破幹事長や伊吹衆議院議長、党の幹部職員らが、党の綱領や政策決定の仕組みなどについて講義を行った」。[30]派閥所属の割合は、二〇一三年二月時点で六四％に低下した。[31]

二〇一三年参院選後も新人研修会が行われた。石破幹事長は、「ミニ集会の開催や地方議員との緊密な連携など『選挙活動』のノウハウを丹念に指南」した[32]。他方、派閥所属議員の割合は、第二次安倍政権期で増加に転じ（二〇一七年一一月：八二％）、派閥解消に取り組む前の岸田政権期でも高かった（二〇二二年二月：八〇％）[33]。派閥に所属するメリットは、残り続けた。例えば朝日新聞は、派閥の活動について次のように紹介する[34]。

政府や党の人事では、所属議員がポストを得られるよう働きかける。中選挙区時代ほどではないが、トップを首相にするために結束して活動する派閥もある。選挙となれば、議員や秘書が応援に入り助け合うことも。若手議員には資金面での援助もある。派閥に属する閣僚経験者は「派閥に入っていないと分からない党内や国会の情報、政策の情報が得られる」と話す。

派閥には、ポストとカネだけでなく「情報は力」も前提に、情報の入手・共有の場として役割が残されていた。

重要性が増した中央政治大学院

このように平成政治史を振り返ると、自民党と民主党が新人議員の大量当選という課題に向き合ったことが分かる。実際、「石破氏の熱血指導の理由は、大量当選と落選を繰り返す『振り子現象』から脱皮すること」にあった[35]。新人議員の大量当選も生じやすい選挙制度である点に変わりない。

今日、自民党内での人材育成や候補者リクルートで重要な役割を担うようになりつつあるのは、中央政治大学院という党組織である。同大学院には、「［一九］五七年設立。全国から党本部に集まった四十一人の一期生は、政治学や経済学などの研修を三カ月間受け、党活動の手足となった。その後も地方議員らの研修に取り組み、党近代化の柱だった。一時は東京郊外に自前の校舎を建てようと敷地の下見まで行った」歴史がある。[36] 中央政治大学院は、自民党が細川・羽田両政権（一九九三年～一九九四年）時の野党だった際に進められた党組織の統廃合で、[37]「一九九五年に『経費削減』を目的に閉鎖された」が、[38] 二〇〇一年一月に復活した。その背景には、「自民党の衆参両院の新顔候補が二世、三世や官僚、地方議員・首長の出身者らに大きく偏っているうえ、自民党の公認を得られない若手の人材が民主党などから立候補するなどのケースが相次いでいる」状況もあった。[39] 中央政治大学院の復活は、候補者予備群人材の流出への対応策であった。

中央政治大学院の状況

中央政治大学院の機能について、自民党の下村博文中央政治大学院学院長（当時）に話を聞いた。[40] 二〇二二年五月時点で、中央政治大学院には政党職員が六人配属されており、必要に応じて他の職員も手伝っている。自民党が下野した二〇一〇（平成二二）年一月に党則が改正され、都道府県連が独自に主宰・運営していた政経塾やリーダー育成塾が「地方政治学校」として党則に位置づけられた。[41] 改正前と比較して、中央（中央政治大学院）・地方（地方政治学校）間で何か大きな質的変化は生じたのか。下村学院長は次のように語る。

平成二二年の党則改正以前、地方では一〇都道府県連（神奈川、京都、愛知、佐賀、熊本、東京、大阪、北海道、高知及び三重）のみの設置でした。開校県連での運営は、県連として行うところや、青年局中心に行うなど運営について統一性はありませんでした。国会議員の講師派遣要請など、党本部側の窓口も明確ではありませんでした。そのため、開催した情報が党内で共有されていなかったということで、野党になったことを機に、平成二二年に改めて全都道府県連に地方政治学校を開校する、中央政治大学院との関係を明確化するという党則改正をしました。同時に、地方政治学校の要件も定めて、受講生の応募や会費の徴収、学則の明記を義務づけるようにしました。以後、毎年数件ずつ開校は続いて、令和二年に岩手県連が岩手政経塾を開講したことで、全四七都道府県連で地方政治学校が開校されました。

中央政治大学院の定める基準、講座回数、受講生の数とかに応じて助成金を支給しています。それぞれでどれくらいの規模でやるかは、各県連に任せています。国会議員の地方政治学校への講師派遣については、中央政治大学院が講師選定や日程調整等全て行っています。しかし、それぞれの地方学校で、「この先生を講師に」ということであれば、できるだけそれにのっとって対応するようにしています。

自民党が候補者発掘と教育に力を入れるようになった背景は、二〇〇九年衆院選での大敗である。当時の朝日新聞には、「同党関係者によると、同党では地方議員が多く、地縁や血縁など候補者となる人材にそれほど困っていなかった面があるが、衆院選の大敗で、新たな候補者育成を迫られる事態となった」と書かれている(42)。

中央政治大学院には、党本部で行う東京研修の運営などを行う役割もある。下村学院長によると、東京研修での日程と内容は、次のように実施しているという。

東京研修は、県連によって平日、土曜日、一泊二日、日帰り等形態が様々です。国会開会中に開催する場合、土日に出張することが困難になりがちな党幹部、主要閣僚を講師にお願いするとき、かえって平日にやりやすいです。本会議や役員会、役員連絡会等を勘案しながら、都道府県連と決めています。講座の内容は、党本部では講師の講演、党本部の見学、場合によっては国会見学が中心となります。その他の党外活動については、県連独自に、例えば県連選出の国会議員との懇親という形、あるいは国会見学や首相官邸等の開催も希望に応じてスケジュールを協力して組んでいます。

コロナ禍をきっかけに生じた変化

中央政治大学院は、二〇二〇年四月九日から、「ネットDeマイ（出前）講座」を実施するようになった。一講座一〇分～二〇分程度の動画が収録され、YouTube上で視聴できる。国会議員が講師を務め、頻繁にアップロードされている。「ネットDeマイ（出前）講座」を行うようになった背景は、次のような事情があるという。

コロナ禍で緊急事態宣言が発令して都道府県連で受講生を集めることができず、党本部としても国会議員の行動制限等が続いたために、「ネットDeマイ（出前）講座」を開催せざるを得なかった背景があります。国会議員を講師に、講座の動画収録とかを中央政治大学院が行い、全都道府県連に発信をしています。

講師については、私自身と副学院長が八人おります。テーマを私の方でGDW（Gross Domestic Well-being の略。ウェルビーイング）とし、国民の視点から見たときに、国民が幸せになるための政治は何なのかということで、それが経済、教育、福祉、地方創生だったりしますが、そういう視点からやっています。講師については、「党の役職者」ということでは決めていませんし、当選回数も基本的に関係ありません。ただ、私の前の中谷元・衆議院議員が学院長（二〇一九年九月～二〇二一年一一月）のときは、同じように副学院長が出演し、その後は党幹部が順番に対談インタビュー、各専門分野を述べてもらうために部会長に出演してもらったということもありました。内容は、そのときの学院長の方針で決まります。開催頻度に決まりはありませんが、いまは二週間に一回くらい開催しています。

東京研修に来られないこともあるし、コロナ禍によって二年間くらい地方政治学校が二〇県くらい止まってしまいました。「ネットDeマイ（出前）講座」を行うことで、直にそれぞれの地方の方々とWeb上で議論もでき、毎回一〇〇人くらい参加していますけれども、距離感が無くなってきているのではないかと思います。

人材発掘と候補者リクルートの変容

中央政治大学院ＨＰには、「平成22年1月、それまで都道府県連が独自に主宰、運営していた政経塾、リーダー育成塾が『地方政治学校』として党則に位置づけられ、各校との連携、支援が円滑になり、中央政治大学院をセンターとして各地方政治学校の活性化が図られました」とあり、「これにより地方政治学校出身者の各級選挙への立候補が促され、多くの人材を輩出、その当選者が全国各地で活躍しております」との記述があった。(43) 地方政治学校出身者の各級選挙への立候補が促されていると実感することはあるのか。

累積で一〇〇〇人が各級議員になりました。市町村会議員から、県会議員、国会議員までです。それぞれの地方政治学校があることで、発掘がなされたということが大きいと思いますね。これまで政治というのは、「地盤、看板、鞄」がないとなかなか出られないということで、各級議員とも地方における二世、三世とか、御自分なり親が実業家や名望家であったりとか、何らかのインセンティブがないと、なかなか政治家に手を上げることができなかったし、なれませんでした。人材不足というところもあります。

地方政治学校ができたことによって、政治を志す人たちが受講することによって、「地盤、看板、鞄」がなくても、公募というものが随分出てきましたから、公募に手を上げたときの最短距離の位置づけになったと思います。特に女性は、政治家として立候補するハンディキャップがありますけれども、そういう政経塾に入ることで、様々なつながりができて、必ずしも自分が住んでいるところの選挙区ではなく、同じ県内であれば、例えば空白区とか、公募するようなところであれば手を上げやすいということになったので、政治家の養成・サポート機関に今はなっているのではないかと思います。

一回目、いきなり新人が出馬して当選するというのは、非常に難しいですよね。自民党はそもそもパイがいっぱいだから、そうすると新党の、新しい風のところに乗らないと、なかなか新人は手を上げられないし、当選するのも難しいというのがあると思います。私自身も都議選で一回目は落選しています。政経塾があるということは、もちろんそれですぐに当選できるかは別だけれども、様々なチャンス（国会議員と地方議員）、空白区や公募の情報が入ってきます。情報も一番得られやすいです。

累積一〇〇〇人が各級議員になったとあるが（二〇二二年五月現在）、二〇一一年一〇月一九日付けの毎日新聞には、「これまでに延べ２００人以上の国会議員や地方議会議員を輩出しているという」とある。(44) 地方議会全体の定数も減少している中で、約一〇年で地方政治学校経由者が相当に増えたことになる。

公募や党内部で候補者を決める際、地方政治学校出身ということが考慮事項になるのか。

特に明確な基準はないですが、都道府県連の幹部がいつも塾生に対して一年間くらい塾をやっていますから、人間関係ができますよね。その中で、誰が政治家として優秀そうかということは、ある程度日頃から見ていれば分かります。特にインセンティブになるわけではないけれども、いきなり公募で書類申請から上がってくる人に比べれば、ある程度人物が見えますからね。結果的には、政経塾出身者が累積一〇〇〇人を超えているというのは、それだけ様々なインセンティブがあると思いますね。

若手国会議員教育の役割

余り知られていないことだが、中央政治大学院は若手の国会議員教育にも関与する。

衆議院の一～三期生、参議院の一期生は合計一〇四人います。私が中央政治大学院長になってから、全部で八回に分けて、国民目線から見たときのＧＤＷ（ウェルビーイング）を高めていくために、何をしていけばいいのかということについて、五分間で提言をしてもらい、私と副学院長で論評も行いました。それをすることによって、より若手の国会議員に、「国民目線から見たときに政治家として自分は何をやるのか」ということを明確に位置づけるために、研修として昨年、二〇二二年の一二月から行いました。

このように自民党の中央政治大学院は、政治家の養成・サポート機関へと変貌しつつあり、若手国会議員教育の一部も担っている。また、大半の派閥の解散方針を受けて自民党は、中堅若手教育の場として、派閥に代わって中央政治大学院を強化し、二〇二四年の第二一三回国会（常会）の会期中に政策講義（目標：「国家観、歴史観を学び、政治家としての土台をつくる」）を七回行うこととした(45)。

以上、中央政治大学院による教育は、統合型の方向性で役割と存在感が増している。第2章第1節で指摘したように、カリキュラムの設計者と内容が問われる。

2　与野党と政党規模の違いがもたらす議員教育への影響（立憲民主党）

本節では、立憲民主党を扱う。野党第一党の立憲民主党の議員教育は、どのように展開されているのか。

旧民主党時代からの経路依存性と人的資源の有効活用

立憲民主党の小川淳也政務調査会長（当時）は、政調内での取組の意義を語る(46)。

政調会長と地方の政策責任者、地方議員のオンラインでの直接対話は結構やっていますよ。政調では、一期生を政調会長補佐に任命して、毎週のようにいろいろなことを語り合っているし、女性候補向けの政策研修会を開催したし、そういう努力は鋭意行っています。

立憲民主党の議員教育（研修会）は、新人国会議員（「新人議員研修会（旧質問講習会）」という名称の研修会）、地方議員（「自治体議員ネットワーク」）、女性地方議員（「女性議員ネットワーク」）及び若い議員（青年局）を対象としたものがある。また、その時々に応じたテーマ別の研修会（例、ジェンダー平等）もある。新人の国会・地方議員や若い議員を対象とした研修会は、旧民主党時代から行われている。

二〇二一年一〇月三一日の衆院選では、一六人の新人が当選した(47)。同年一二月一六日の新人議員研修会では、衆議院本館で約一時間半かけて、馬淵澄夫国対委員長、小川政調会長、国対役員及び政調役員が講師となり、国会の業務、国会質問の準備などをテーマに講義が実施された（国会対策委員会と政務調査会の合同主催）。また、二〇二二年四月七日には、玄葉光一郎衆議院議員が講師となって、当選一・二回の議員を対象とした研修会を実施した。国会質問の準備・作成・追及や日常活動などについて、ケーススタディと質疑を扱った。

議員の経歴は様々で、永田町に土地勘のない者（国会議員秘書を経験していないなど）も当然いる。立憲民主党の大滝敬貴党本部総務局部長は、次のように語る(48)。

議員の教育は半分以上がＯＪＴみたいなものです。学校のような勉強会形式でスケジュールを決めて、というわけにはいきません。選挙が終わったばかりでは新人を対象に、世の中で重要なテーマが出てきたときにはそのテーマについて、政務調査会では、日常的な部会が一種のＯＪＴという形になる。広い意味では日常的にあちこちでやっています。特に野党の場合は、国会は立法機関であるとともに、行政監視機能が重要です。行政監視機能は、本会議や委員会での様々な質疑で行われるわけですから、役所の使い方、院の調査局や法制局の使い方も含めて勉強会でやります。実際に国会が始まったら、実践的に国会質疑をどうやるか、日常的な政治活動をどうやるかということをやります。

まさに経験主義的な内容である。大滝部長によると、二〇二二年は四月一四日まで（初出記事の執筆時点）に新人議員研修会を六回実施した。野田佳彦、岡田克也、玄葉光一郎、安住淳、長妻昭といった議員が講師を担当した。いずれも旧民主党時代に政府や党の中枢を担ったベテラン勢である。旧民主党政権時代の人的資本を活用している。政党職員（例、政調、国対、選対、総務担当の職員など）は日常的に補佐活動を行う。研修会で講師を務めるのではなく、職員が知っていることを教えたり、相談にのったりすることが中心になる。

詳細な調整が行われる与党事前審査制

立憲民主党の新人国会議員教育で、国会対応に力を入れる理由は、与野党の立場や議席数の違いにより、①与党事前審査との質的な差、②国会の質問機会の与党との差、③質問時間の与野党配分という三つの事情から説明することが可能である。

まず、一つ目の与党事前審査との質的な差についてである。与党の自民党と公明党の場合、党内・各府省が一体となった与党事前審査制の過程で詳細な調整を行い、与党内で合意した後、閣議決定に至る。与党の部会は、単なる党内調整のみならず、国会議員教育でも役割を果たす。読売新聞によると、自民党の下村博文元政調会長は、「『部会で鍛え上げられ、鋭い質問ができるようになる。部会は人材育成の役割も担っている』と強調」した。[49]公明党も竹谷とし子参議院議員によると、「部会における一般的な法案の審議例としては、『①法案について省庁から事前に概要について説明を受け、論点整理、②論点にそって関係者と意見交換、③論点や関係者の意見を踏まえ、省庁と意見交換、④省庁がまとめた法律要綱案について説明を受け、さらに意見交換（党の意見が反映されているかチェック）、⑤法案（条文）審査、⑥部会了承、⑦政調部会長了承』という流れで行われている」といい、かなり詳細に展開されている[50]。

政務調査会の法案審査のやり方

立憲民主党の法案審査は、政務調査会（部会→政調審議会）で行われる。基本的なやり方は、野党・旧民主党時代とほとんど変わっていない。具体的には、政府側から「国会へ法案を提出したので説明させてほしい」という話が来る。国対は、審議日程との関係があるため、審議の見通しがついたら政府側に説明の了解を出す（広い意味での「吊るし」）。国対と政調が連携し、党内審査が開始する。

部会では、説明と質疑が行われ、法案の内容次第では一回で終わるものもあるが、重要法案の場合、何度も党内議論をし、有識者や関係団体からのヒアリングが行われることもある。部会長や部会内の役員会は議論の方向性を決め、部会で最終的に賛否を決める。通常、部会では多数決を採ることが余りなく、部会長に一任という対応も多いという。一年生議員にとって勉強になる機会は、有識者・関係団体からのヒアリング、先輩議員の議論を聞く、国会の所属する各委員会の質疑を聞くといったところである。小川政調会長も「政策の議論は行っていますし、国会で法案提出も行っていますし、日々の積み重ねです」と語る。

部会を通過した法案は、政務調査審議会（毎週木曜日に実施、政調役員と部会長が出席）にかけられ、部会長が報告する。それに対し、了承される（時々、「待った」がかけられることもある）。法案審査は、政調審議会の段階で正式決定される。その後、執行役員会（毎週月曜日）、常任幹事会（隔週火曜日が多い）へと報告される。ただし、党規約第一二条第三項には、「執行役員会は、政策に関して特に重要と判断する場合、その審議決定を常任幹事会に要請することができる。この場合、常任幹事会の決定をもって政務調査審議会の決定に代える。」との規定もある。

質問機会の差と場数を踏ませる新人教育

つぎに、二つ目の国会の質問機会の差について。これは、会派単位で活動する国会の仕組みとも関係する。具体的には、大政党と中小政党の差である。中小政党の与党・公明党の場合、太田昭宏元代表が次のように証言する。[51]

国会の委員会でも議員数が少ないから、一年生から委員会の理事や党の部会長を務める。これは自民党とは全く違うことですね。通常国会を二〜三回経て、初めて国会のことがわかるようになると思う。地元の要望や議員の生活リズムの面についても、同様だと思う。公明党議員の場合は、一年生から責任ある立場に就くから、議員数の多い自民党よりも早く経験が積めると思う。国会での質問回数も多いし、恵まれていると思います。

中小政党であることのメリットは、野党・日本共産党も同様に享受している。共産党では、国会議員秘書の役割が他党よりも大きく、国会議員と秘書が協力しながら質問づくりを進める特徴がある。[52] 筆者がインタビューした田村智子副委員長・政策委員長（当時）の事例でも、まさにそうであった。大政党の自民党の場合、計算上、議員一人当たりの質問機会に制約が生じるのと同時に、質問準備に時間をかけることが可能となる。

立憲民主党では、辻元清美国対委員長時代、新人議員に場数を踏ませる議員教育を行った。具体的には、一年生議員を本会議の代表質問に登壇させ、原稿も当該議員に書かせる。[53] 予算委員会にも一年生を抜擢して質問させ、委員会の席にも順番で座らせた[54]。二〇二一年一〇月の衆院選で躍進した日本維新の会が令和四年度予算案を扱う予算委員会に新人議員を積極的に投入した背景も、新人議員に場数を踏ませる戦略という意味合いがある。新人議員にとっては、予算委員会で質問に立つことで、地元向けの国政報告会や後援会通信で宣伝できるメリットもある。

与野党の質問時間配分の変化

最後に、三つ目の質問時間の与野党配分の影響についてである。質問時間の与野党の配分[55]は、旧民主党へ政権交代するまで、与野党の比率が「四：六」であった。政権交代後、「政府・与党一元化における政策の決定について」（二〇〇九年九月一八日）の方針もあり、当時の小沢一郎幹事長が与党議員（民主党）の国会質問時間を減らし、「二：八」となった。この割当て時間は、自公政権に政権が交代した後も残り続けた。

国会の議席状況（「一強多弱」）も考慮に入れ、二〇一七年に各委員会での野党の持ち時間が減少した。例えば衆議院文部科学委員会での与党と野党の比率は、「二：八」から「一：二」に変動した[56]。衆議院予算委員会は「五：九」、衆議院厚生労働委員会は「三：七」となった[57]。

野党の追及時間は、与党の国会質問の時間が増加したため、安倍晋三政権下で減少した。他方、野党の臨時国会開会要求に、与党はなかなか応じなかった。とはいえ、仮に臨時国会を開会したとしても扱う法案はあるのか、という与党視点も考える必要がある。ただし、千正康裕が指摘しているように、省庁が法案提出数を自己抑制している実態もある[58]。

二〇二二年四月時点で、予算員会も「三：七」であった。「テレビが入らないときや一般質疑の場合だともう少し野党の方が多い。その分、テレビ入りの質疑だと与党が要求するので、『三：七』よりも与党の時間が多くなりつつある。委員会ごとで質問時間の割当てが異なり、それぞれ慣例で決まっていく」（大滝部長）。

質問力の向上に注力

野党第一党の立憲民主党は、以上の三つの理由により、二〇二四年衆院選前、相対的に不利な状況に置かれていた。一強多弱の議席状況では、事前に野党各党で質問調整をしない限り、質問内容が似た内容になるおそれもある。野党間の足並みをそろえることは重要だ。実際、ある共産党国会議員によると、午前中の国会審議で他党の質問内容を聞いた上で、大急ぎで午後に開催される審議での質問の観点を変えることもあるという。他党にも「少数会派などは同じ議員が相次いで委員会に出席するため、質問要旨を作成する時間が制約されるという事情もある」という報道がある。(59)

以上、立憲民主党の新人国会議員教育は、限られた時間で効率的な国会質問ができるよう質問力の向上に注力していた。多弱構造ゆえに、他の野党も置かれた状況は同じであった。

多弱構造で発展した「野党合同ヒアリング」

一強多弱で野党が多党化し、国会での質問時間の制約が生じた。党首討論の持ち時間も限られ、予算委員会が事実上その機能を代替することになったが、国会閉会中に野党の見せ場もない。こうした中で発達を遂げたのは、官僚に対して行われるヒアリングであった。

大滝部長によると、「野党合同ヒアリング」の原点は、民進党内での「国対ヒアリング」（二〇一六年八月二九日から）である。民進党が二〇一六年七月一〇日の参院選で負けた後、岡田克也代表体制（衆議院の国対委員長は安住淳議員）の下で行われた。岡田代表は、九月一五日投開票の代表選に出馬しない意向を七月三〇日に表明している。当時、国対ヒアリングを推進したのは安住国対委員長だ。第一回目の国対ヒアリング（二〇一六年八月二九日）では、平成二八年度補正予算、平成二九年度予算概算要求、及び経済財政の中長期試算が議題になった。

その後、民進党内では、代表が蓮舫参議院議員（二〇一六年九月代表選）から前原誠司衆議院議員（二〇一七年九月代表選）へと執行部が変わった。小池百合子東京都知事による希望の党との合流騒動に伴い、民進党に残った者、希望の党へ移った者、新たに立憲民主党を結党して移った者、無所属となった者など対応が分かれ、少数野党の多党化が進んだ。

野党各党の交渉力の低下を補うため、「野党国対委員長会談は、頻繁化・長時間化するようになった。野党間の意思統一をはかり、与党へ交渉した方が与党に対して強く出られる。これを野党合同国対ヒアリングということでもやれば目立つようになり、活性化するのではないかという発想でした」と大滝部長は語る。多弱構造だからこそ、野党合同ヒアリングが誕生した。

こうして二〇一八年二月、野党合同ヒアリングが始まった。立憲民主党の国対委員長（二〇一七年一〇月時点）だった辻元清美は、「これまでヒアリングは各党がバラバラで行っていました。しかしそれではメディアからの注目も集まりませんし、幹部や責任者を引っ張り出すことも難しい。野党合同で行うからこそ影響力が生まれると考えたのです」と記す[60]。

部屋の大きさに制約された出席者数とメンバーの固定化

二〇一六年の民進党の国対ヒアリングには全議員が出席できるとされていたが、実際頻繁に出席していたのは、国対委員長代理（山井和則衆議院議員）や副委員長（泉健太衆議院議員、大串博志衆議院議員など）らであった。衆議院の党国対は、ヒアリングを主催し、その日時調整も担う。衆議院側の都合が優先されるため（そもそも予算の先議は衆議院）、参議院議員が出席できないことも多かった。衆議院が空いている時間帯は、参議院が開会中のことが多い。大滝部長も「新人議員の場数を踏ませるという趣旨とは異なります。当時、私のスケジュールを見ると、連日のようにヒアリングをやっていました。テーマは『新体制移行までの国対方針』記載の内容で、一日二本立てで行っていました」と言う。

野党合同ヒアリングになると、不祥事や疑惑関連の追及が多くなった。メディアも会場に入った。応答する官僚は、政官関係上、基本的に低姿勢となり、応答できないものもあった。そのため、議員が官僚を責める姿勢を示すパフォーマンスではないか、という批判が生じた。政府側の答弁を議事録に残せていないために情報公開に生かせないこと、政権交代した際の政官関係の円滑性を損ねること、立憲民主党が候補者リクルートをする際に官僚出身者が同党を選ぶかどうか（第2章第3節の日本維新の会との相対比較）など、支障が考えられる。

国対ヒアリングと野党合同ヒアリングの会場は、衆議院の第4控室と第16控室が選ばれた。両控室が選ばれた背景は、記者クラブから近く、記者のアクセスが容易であった点を考慮したからだ。しかし、この両控室は、部屋が広くなく、大勢の議員が座りきれない。結果として出席者数が制限され、国対中心のメンバーとなった。

議員教育の課題

立憲民主党での議員教育の課題は何か。大滝部長は次のように語る。

有権者から選ばれているので「議員教育」という言い方が適切かどうか分かりませんが、最低限の研修会はやるにしても、後は個別に御相談くださいということの方が多いかなと思います。議員と党職員が個人的な関係を築いてということの方がほとんどです。議員も様々な出自があるので、画一的なことはできません。党職員の数も限られています。二〇〇九年に旧民主党が与党となった衆院選では、新人が一四三人当選しました。当時、党職員が一〇〇人くらいしかいなかったため、大変だった記憶があります。議員数が多ければ多いほど、画一的な新人議員研修会は難しいなと感じます。議員教育について、党内グループ内でどこまで「作法」を教育しているのか分からない部分もありますし、党内グループとの連携もありません。

候補者リクルートと候補者予備群・議員教育では、党官僚制の役割が無視できない。しかし、立憲民主党は、政党職員数が限定されている。政党職員は、党の分裂や合併が続いたこと、若手・新卒の採用が抑制されていることが影響し、部署間異動が流動化しておらず、年齢も高齢化している。新卒は数年に一回採用できるかどうかで、政党職員全体の年齢構成に影響を与える。組織文化の維持・変革で、無視できない要因である。また、立憲民主党の職員の出自である政党も様々で、「民主党→民進党→国民民主党」の系譜の者が多いが、立憲民主党での新規採用、維新の党、そして社民党からの者もいる。議員・職員とも多様な背景を持つ。

地方議員教育

立憲民主党本部は、二〇二三年統一地方選挙を見据え、どのような地方議員教育の対応をしたのか。二〇二〇年一二月の総会では、自治体議員ネットワークが設立された。二〇二二年二月一五日には、党自治体議員ネットワーク、党女性議員ネットワーク及び党組織委員会が合同で主催した「1期生支援プログラム　プレ企画～これから備える2期目選挙に向けて〜」を実施した。新人議員の再選に向けた取組であり、コロナ禍の影響でオンライン開催された。

テーマはその都度である。このときは、前回の統一地方選挙で初当選した新人議員が各グループに分かれ、これまでの活動と残された課題、二期目の公約づくり、選挙までのスケジュールづくりなどの内容を扱った。各グループが発表し、先輩議員がコメントをする流れである。地方議員に対する研修会は、不定期に複数回実施される。

国民民主党についてはどうか。二〇二〇年に新しい国民民主党になってからは、例えば二〇二一年九月一日、「議員間の連携を強め、党の組織強化と女性政策をはじめとする政策推進を図っていくことを目的とした組織内ネットワーク」として、女性議員ネットワークの第一回総会が開催されている（地方議員・候補予定者を含む二三名が参加）[61]。旧国民民主党時代でも二〇一八年時点で、自治体議員フォーラムと女性議員ネットワーク会議の存在が確認できる[62]。

課題として残された地方政治との党内コミュニケーション空間の再構築

立憲民主党と国民民主党の両党が地方議員と結びつく取組で、同じような名称を使用している背景は、旧民主党時代からの経路依存性を指摘できる。砂原庸介が二〇一三年時点で紹介するところによると、「党本部が都道府県連を重要視していないわけではない。『女性議員ネットワーク』や『自治体議員フォーラム』などの中央の組織に対応する委員会は以前から都道府県連の中に設置されていたし、２００９年の政権交代以降は、特に当時の小沢一郎幹事長のもと、明らかに自民党の政調会をモデルに、各都道府県連に地域政策本部を設置して陳情や要望の集約を図ったが、現実にはそのような集約は困難であり、期待された効果をあげなかった」状況であった[63]。

地方議員とのリンケージの必要性は、民主党が二〇一二年衆院選で敗北し、下野したときに再認識する契機となった。二〇一四年当時、民主党の桜井充政策調査会長は、「この敗北の最大の原因は党内が一つにまとまっていないという点でした。このことを深く反省し、党内で政策を決定させるまではしっかり議論し、そのうえで決定された政策については一致団結できるように民主党の政策決定のプロセスを大きく見直しました」と記している[64]。注目すべきものとして、「もう一点は、地方の意見を政策立案にしっかりと生かすことです。全国政策担当者WEB会議を開催することで地方の都道府県連と積極的に意見交換し、私も自ら地方行脚に努め、多くの現場を歩いてまいりました」という政策立案空間での地方政治への意識である[65]。実際、二〇一三年三月四日（第一回）から二〇一四年九月八日（第四一回。参照資料の出版時点）にかけ、全国政策担当者WEB会議が頻繁に開催された[66]。ここでは、国会・地方議員間の情報共有の場として試みた様子である[67]。しかし、民主党そのものが無くなってしまった。

共有手段を確立した上での地方議員とのリンケージと同時に、全国で地方議員数を多く擁することも必要である。国政における野党が多弱の政党システムは、当然に地方政治へも反映する。自民党が政権奪還に成功した背景は、地方政治を足掛かりにしたからであった。繰り返された野党の離合集散と多弱化は、議員教育の内容（党の理念や歴史の共有よりも、国会対応の技術的な内容に重点）や党内コミュニケーション空間そのものへ影響している可能性が示唆される。この点については、第5章第2節で扱う社民党と好対照をなす。

3　丁寧な面倒見実現に向けた模索する教育（日本維新の会）

候補者予備群のパイ自体は、人口減少と少子高齢化、社会全体の低所得化（背景としての教育格差）、そして変わらぬ被選挙権年齢によって縮小している。こうしたマクロ環境を前提に、第2章の自民党と立憲民主党の証言を勘案すると、両党から立候補できなかった候補者予備群は、維新に辿り着いているようである。この認識が正しいとするならば、両党のスクリーニング過程で除外された者もいるはずだ。それゆえ、維新は、候補者選定で相対的に不利な立場に置かれる可能性がある。仮に議員の不祥事が生じた場合、単純に維新のガバナンスが原因と言い切れない理由がここにある。したがって、維新の党内教育は、重みを持つ。本節では、日本維新の会の藤田文武幹事長(68)(当時)と音喜多駿政務調査会長(69)(当時)に話を聞いた。

公認内定後の候補者研修の中身

はじめに、公認内定後の候補者研修での具体的指導内容についてである。

第一に、公職選挙法である。藤田幹事長によると、「公選法は、候補者と事務局の責任者に来ていただいて、本部の公選法担当から一日かけて一通りレクチャーをします。レクチャーをした上で、分からなかったら必ず問い合わせて確認するよう伝え、そのためのホットラインを繋ぎます。これは最も重要な指導です」とのことだった。

第二に、広報技術についてである。紙のチラシの作り方、PRの仕方などを指導する。ネット関係については外部講師を招くこともあり、SNSの活用方法、動画やブログの拡散の仕方などを学ぶ。二〇二三年統一地方選挙の候補者についても、広報技術の研修を行った。藤田幹事長へ追加取材をしたところ、「候補者向けに実施しております。加えて、動画作成の雛形なども用意し、より簡易に拡散できるようにサポートも行いました。」とのことだった(二〇二三年五月一〇日回答)。ネット選挙が本格化した現在、候補者自身の広報能力と政党の支援体制による総合力が問われる時代である。

第三に、政策である。マニフェストの勉強会をオンライン上で行っている。党内のオンライン活用については、

第１章第３節で説明したとおりである。逆説的だが、ＩＴ能力を有しない者（年齢層が高いことが多い）は、維新からの立候補が難しいだろう。

議員教育の状況と課題

つぎに、議員教育についてである。国政・維新の新人議員教育は、結党期の段階で、政策研修会が開催されていた[70]。近年の状況について、藤田幹事長は語る。

国政の新人のフォローについては、国会議員団内の総務会が担当しています。昨年（二〇二一年）の衆院選後、総務会が新人議員を対象に研修会を何回か開催しました。

一つは、国会の仕組みやスケジュールの流れなどから始まり、党内の役割分担や意思決定の仕組み、委員会や本会議への臨み方などです。法案が国会でどのように審査されるかみたいな概要について。それから実務的なこととして、例えば委員会質問をどういう切り口や論点で行うか、レクの仕方、官僚との付き合い方みたいな具体的なこともやりました。

もう一つは、政策的なこと。勉強会がたくさん開催されていて、皆さん積極的に参加してくれています。国会を中心に言うと、まず部会主催の勉強会、調査会主催の勉強会です。それぞれの部会長や部会役員が講師を招いてやります。それから、幹事長室に社会政策全般を扱うダイバーシティ推進局があり、積極的に勉強会を主催しています。例えばＬＧＢＴ、障害福祉、夫婦別姓、女性活躍などもそうです。国会議員団だけじゃなくて、オープンにするときもあります。オープン政調みたいにネット中継する場合もありますし、オンラインで講師に質問できるようにするパターンもあります。講師や議題次第のところもありますが。うちの場合、研修をしっかりやって、全ての手順を踏んでから表舞台に出すというよりは、「取りあえずチャレンジしてこい」というベンチャーのような気質があります。今回、評判が良かったのは、予算委員会の質疑に新人をどんどん登壇させたこと。

政調会では、予算委員会での質問は一通りチェックしています。特にテレビ中継がある注目度の高い予算委員会は、どういう趣旨や目的で質問をし、獲得目標は何か、どんな話の流れでやるかなど、政調会でチェックして微修正したりサポートしたりすることもあります。地方議会の経験もなく、初登壇の議員は大変ですから、僕も政調会に質問構成の作成や官僚のレクまで伴走してあげてと依頼され、「こういう視点でやったら」とか「こういう切り口の方が面白いよ」など、何人かサポートしたこともあります。

総務会主催の研修は、総務会長と総務会長代理が担当する。政策的なことや国会質問のテクニカルなことについては、足立康史議員、音喜多議員、藤田議員などが担当したという。そのほか、委員会の質疑のチェックは政調会が行う。質問の良し悪しやアドバイスは、政調会の役員メンバーや委員会ごとに先輩・後輩で行っている。

地方議員教育の体制については、大阪を事例に藤田幹事長が答える。

地方議員の研修は、原則としては各地域の総支部や議会単位で自立して行っています。例えば大阪では月一〜二回くらい、大阪維新の会の政調会が勉強会を主催しています。内容としては、地方自治、社会保障、教育など、自治体に近い議題も多く取り上げています。ただし、全てが総支部任せで上手くいくわけではありません。大阪維新の会は議員数も多い大組織ですが、それ以外の地域はまだまだ所属議員が少ない。規模の小さい支部の場合、定期的に自前で勉強会を実施するのが難しく、足りない部分のサポートは党政調会でやっています。党政調会で地方議員向けのテーマで講師を招いて主催することもあります。

他方、東京は大阪と異なり、議員数が少ない。音喜多政調会長によると、東京総支部（東京維新の会）限定での国会・地方議員を交えた議員研修会は、次のような運用実態である。

毎月一回の全体会議があり、その前の部で、政策勉強会や選挙の勉強会など、必要に応じて不定期で開催しています。例えば選択的夫婦別姓やインターネット選挙に関する勉強会を行いました。コロナ禍以前は基本的に対面形式で、講師に来ていただいて議員会館でやっていました。

議員教育ならではの課題や悩みもある。藤田幹事長は次の認識を示す。

議員教育について、何が「正解」かと問われれば難しいですね。各人が能力も経験もバラバラなので、個別に育てるメンター制のような手法の方が合っているのかなと思うときもあります。制度として確立しているわけではないんですが、例えば新人議員が当選してきたら党内の様々な部門に振り分けますよね。部会や委員会の所属もそうです。すると、その部門ごとにある種のグルーピングができます。まずはその部門の中の先輩・後輩でアドバイスや意見交換をする。委員会では先輩議員が質問の指導やサポートを積極的にやってくれているのも目にしました。今国会（二〇二二年通常国会）では、こういうやり方が割と機能したので、よかったと思いました。議員の研修会は、形式ばったものばかりだと余り意味がないとは思っています。ただ、政策の勉強会は積極的に実施して、政策力を高めていくべきですね。

政党職員の補佐・支援の役割

自民党や立憲民主党の事例では、候補者予備群・議員教育で政党職員が果たす補佐・支援の役割を認識させられた。すなわち、党官僚制の充実が一つの方向性としてある。維新の政党職員の数や役割は、どのようになっているのか。藤田幹事長は答える。

党職員の数は二〇人くらいです（大阪と東京で「本部職員」と呼ばれる）。僕が幹事長になったときは一四～一五人でしたので、少しだけ増やしましたが、他党に比べると相当少ない方かと思います。私たちは次回の衆院選（二〇二四年）野党第一党を目指しているので、少なくとも三年くらいのうちに四〇～五〇人くらい必要になると想定しています。僕が幹事長になってから、優秀な党の職員を増やしていこうということを明確に掲げて、積極採用していく段取りに入っています。国会でいうと、政調職員（政策的なことをサポート）、国対職員（国会運営〈委員会、省庁とのつなぎ〉のサポート）を中心に、ほかにも広報や総務や管理部門の職員などが在籍しています。例えば政調職員は、質問や原稿作成のサポートをしたり、政策のリサーチをしたり、党のマニフェストの取りまとめをしたり、会議の連絡や調整をしたりします。

議員数の割に、政党職員数の数が少ない状況について、音喜多政調会長は次の認識を示す。

国会議員に対して政党交付金を配り、各地域における党勢拡大のために使ってもらっている状況ですが、地方議員へ直接配るのも一案ではないかと個人的には考えています。ただ、そうすると、地方議員一人一人の政治資金収支報告書のチェックができるのかも含めて、ガバナンスやコストの問題が浮上します。現時点でこうした懸念を全てクリアにするのは難しいです。

国会議員の政党交付金については、党職員ができる限りチェック（法律上、党の内規上）を行っています。国会議員と党職員の距離は、物理的にもそれなりに近いです。他方、地方議員や各総支部の場合、果たして全部目配りできるのかという課題があります。東京総支部の場合、専任職員が一人しかおらず、会計のチェックまで入念にやる余裕がない状況です。それこそ、街宣車の運転から全てやりますから。その政党職員の待遇は、民間企業と比較してまだまだ及ばない面もあります。一定の民間企業並みの待遇、社会保険も整備して良い人材を獲得することは、政党が大きくなり、また地方議員や地方総支部を支えるためにも必要なことです。

政治資金収支報告書については、専門知識も必要となる。地方議会の事務局のチェック体制にも課題がある。それゆえ、党内ガバナンスを考える上で、党官僚制の役割が重要となる。議員と政党職員間でどのような関係を構築するのか、というのも忘れてはいけない点である。チェックの際、議員へストップをかけるのは政党職員だからだ。もし政党職員の心理的安全性が委縮する職場環境であるならば、ガバナンスが機能しにくくなるおそれがある。大切なのは、議員と党官僚制を合わせた総合力である。

維新政治塾とご当地維新塾

維新政治塾は、第六期第一弾からオンライン開催している。他方、都道府県単位で開講する「ご当地維新塾」は、一二都府県にあった（二〇二二年八月一日時点）。第一期当時の維新政治塾は、「最初三〇〇〇人超の人たちが集まって、そこから八八八人に絞られて、最後出馬に至ったのが八〇人」であると青柳仁士衆議院議員が明かしている。[71]第六期からオンライン化となった背景は、「デジタルトランスフォーメーション（DX）を政党としてもやっていかないといけない」。[72]さらに「有権者とのコミュニケーションも党としてオンラインサロンでやっていこう」とのことであった。[73]映像のアーカイブができるメリットもある。表1は、第一期〜第四期の維新政治塾のテーマ一覧である。地方政治分野が充実しており、自民党東京都連の事例と様相が異なる。また、党創業者と中核をなす人物が関与しており、党の価値観が伝えられている様子である。

維新政治塾とご当地維新塾の連携や使い分け方について、音喜多政調会長は語る。

基本的にご当地維新塾があって通える方は、対面で行われるご当地に通われることを勧めています。ただ、どうしても行けないとか、ご当地に塾がないという方、あるいは両方通いたい方は、維新政治塾（オンライン）はいかがでしょうか、

表1　第2期〜第4期の維新政治塾のテーマと講師一覧

回	第4期（2018年1月〜10月）	講師	第3期（2016年1月〜12月）	講師	第2期（2014年2月〜8月）	講師
1回	持続可能な日本社会のために維新に求めること	三浦瑠麗	基調講演	橋下徹	基調講演	堺屋太一
2回	これからの大都市経営ー大阪維新と東京大改革ー	上山信一	地方自治・大都市制度について	佐々木信夫	橋下改革の中身 ・財政再建 ・教育改革 ・公務員改革 （大阪市の改革） ・大阪市衰退の歴史	浅田均 坂井良和
3回	憲法のこれから	木村草太	これからの日本の外交・防衛について	岡本行夫	財政再建と抵抗勢力	中田宏
4回	これからの地域、大都市、国のあり方ー廃県置州の国づくり・大都市が核ー	佐々木信夫	組織論、統治機構、松井・橋下改革について	上山信一	地方自治体の課題と議会の課題	佐々木信夫
5回	税制と財務省	高橋洋一	社会保障の現状と改革の着眼点	鈴木亘	地方議員の政治活動について	井上英孝 浦野靖人 東徹
6回	西成特区と社会保障改革	鈴木亘	この国のゆくえ	猪瀬直樹	選挙とは何か ・選挙は化学 ・研究し宣伝し組織する	今井豊
7回	激動の世界の中での日本外交	岡本行夫	なぜローカル経済から日本は甦るのか	冨山和彦	修了式	橋下徹 松井一郎 浅田均
8回	統治機構改革の真意	橋下徹	国と自治体での規制改革	原英史		
9回	今必要な規制緩和	原英史	情報のウラを読む	辛坊治郎		
10回	模擬議会	松井一郎 吉村洋文	簡素、公平、中立から簡素、公平、活力	高橋洋一		
11回			維新にのぞむもの	三浦瑠麗		
12回			模擬議会	松井一郎 吉村洋文		

（出典）維新政治塾HPを参考に筆者作成（2022年4月12日現在）。

という関係になっています。内容については、重複する場合もあります。連携としては、例えば松井一郎代表（当時）の特別講義をオンラインでやるとき、ご当地維新塾の塾生もログインできるようにしています。今期から維新政治塾は、完全オンラインにしました。海外や離島の方のニーズにも対応できます。ご当地維新塾は基本的に対面が原則ですが、コロナ禍では東京でもハイブリッドで行いました。

チューターの存在とファシリテーターの割当て方法

維新ならでの特徴として、チューターの仕組みがある。これは、自民党東京都連の事例と対応が異なる。音喜多政調会長は次のように説明する。

東京の維新塾（正式名は「維新塾　ｉｎ　Ｔｏｋｙｏ」）にもチューターがいます。チューター一人当たり七～八人のグループを見ています。チューターは、基本的に議員が中心です。チューター担当の議員は、当選回数に関係ありませんし、全員がやっているわけでもありません。本人の希望や適性もあります。チューター自体の仕組みは、維新政治塾の一期から行っていました。あのとき同じグループだった人は、「あのとき同じグループだったんだよね」といったように、いまだに縁が続いています。

東京の維新塾で苦労しているのは、毎回のグループディスカッションです。一定程度の年代、性別などのバランスをとって塾生をグループに分けるのですが、そのグループ分のファシリテーターが必要になります。ファシリテーターは主に議員が担当しますが、東京維新の場合は地方議員数が多くありません。議員も多忙なので、ファシリテーターの割当てで毎回苦労しています。グルーピングするときに注意を払っていることは、例えば議員が同じ選挙区内の受講生の足を引っ張らない（要するに、議員が将来のライバルになりかねない、選挙に「出したい」良い候補者予備群の邪魔をしない）ことなどにも細かく配慮しています。

他方、現在の維新政治塾は、オンラインですので固定のグルーピングをしていませんん。チューターも存在していますが、みんなで全体を見ています。グループごとのアイデンティティは、今のところないです。もしかしたら、グルーピングした方が活性化するかもしれません。ただオンラインでグルーピングするとしても、手探りの状態で模索していくことになるかと思います。

そのほか、グループではないですが、大阪と東京それぞれで月一回のＯＪＴもやっています。チラシ配りや街頭演説会などです。そこで塾生同士が会ったりすることはあります。

グループディスカッション時のファシリテーターの割当てまで細心の注意を払っている点は、維新が選挙で政党ラベルを発揮する背景を知る上でも見逃せない。なお、維新政治塾の「入会条件・注意事項」には、「他の利用者への中傷、脅迫、いやがらせに該当する行為を禁止致します」と記載されている。(74)

短い期間では難しい政治家の資質判断と規範テストの可能性

受講生の政治家としての資質は、維新政治塾とご当地維新塾のそれぞれで見ていて判別がつくものなのか。また、党側から個別の受講生に対し、候補者公募への応募を勧めるようなことはあるのか。音喜多政調会長に聞いた。

政治家の資質については、極めて難しい話です。もちろん、分かる部分（例、一般社会常識から外れているなど）もあります。民間企業と同様だと思いますが、一緒に働いてみないと見えてこないような限界もあるかと思います。ただ、最初から公募面接に来るよりは、塾で何回か質疑応答などをやっていれば、その人物の特徴もそこそこ見えてきます。その意味では、公募プロセスで多少の手助けになるかと思います。

個別の受講生に対するアプローチも一定程度あります。例えばオンライン政治塾第一タームの受講生に対し、対面で卒業式をやりました。その際には政治家志望の方（これから公募を考えている人）とそうでない方に分け、歓談をする時間を設けました。各議員がテーブルをまわり、政治家志望の方々にアドバイスもしました。また、卒業生に対してメールを送り、公募の案内もします。そのほか、卒業生には一回ずつ現職議員が面談する機会があります。そこで個別の相談（例、出馬への迷い、出馬選挙区）を受けたりもしますので、背中を押すようなこともします。

音喜多政調会長は、都議時代の都民ファーストの会の所属経験も振り返りながら話を続ける。

どこまで細かく塾生の面倒を見たいのか。都民ファーストの会の「希望の塾」では、目的の大部分は資金集めと候補者プールでした。受講生が多かったので、会場探しには苦労しましたよ。でもその後はマスプロ授業で、細かく受講生のケアをするようなことはしませんでしたね。一方で「希望の塾」で良かった点としては、筆記試験を実施したことです。維新でもやりたかったのですが、そこまでに至っていません。筆記試験は、就職活動などで用いられるＧＡＢテストです。これは選考の参考になりましたね。

ＧＡＢテストでは言語と計数の能力のほか、性格適性検査も可能である。性格適性検査テストでは、パーソナリティ、バイタリティ及びチームワークを見ることが可能である[75]。すなわち、面接で見抜けないことが判明する。また、組織行動学の教科書には、「組織において倫理問題が増加するにつれ、規範テストの人気が高まっている。これは信頼性、注意深さ、責任感、誠実さといった要因を測定する筆記試験である。こうした試験は、監督者による業績評価や、従業員による窃盗、規律問題、過度の欠勤といった非生産的な行動を予測するうえで非常に有効であるという結果が示されている」との記述もある[76]。議員の資質向上を考える上で、候補者公募に当たり、規範テストの導入も一つの手段である。

以上のように維新の特徴は、相対比較で候補者予備群のパイが不利な状況に置かれている可能性が否定しきれない中、候補者予備群の教育やその後の公募応募に至るアプローチにおいて、かなり丁寧に面倒を見ている。維新が選挙で政党ラベルを発揮できる理由の一つは、こうした取組が結果として党内の連帯感を高める効果をもたらしているからである。

4 リアルな場における集合的アイデンティティの再確認（公明党東京都本部）

本節では、公明党を扱う。本章冒頭でも述べたが、内部型の候補者リクルートを採用する組織政党（公明党と日本共産党）では、候補者予備群の人材が党員・政党職員の数と質によって左右される。また、両党は、国会議員数が少ないのに対して、地方議員数が多いという特徴があり、選挙に強い地域も存在している。

公明党の国会議員の場合、政党規模からして相対的に毎回の新人の数が限られる（共産党も事情は同様）。それゆえ、「初当選した国会議員の教育については、党本部が主導して特別な研修プログラムを準備し、実施するわけではない。各々の新人議員は、国会のそれぞれの場において先輩議員から学ぶことになる。特定の先輩国会議員が新人国会議員の面倒をみる決まりはないが、地域や都道府県単位での国会議員同士のつながりは強いようである」[(77)]。

他方、議員数が多い地方議員教育については、「各都道府県本部単位で新人議員研修会が必ず行われる」[(78)]。「県本部の幹事長や経験のあるベテランの地方議員が講師となり、新人議員に対し、議員活動（例、具体的な議員としての動き、公明党の議員としての姿）の〝イロハ〟について日常活動まで丁寧に教える」[(79)]。また、党内イントラについては、実は世代間での利用状況に差がある[(80)]。そのため、党本部主催でＩＴ講習会を実施し、議員のスキルアップを行っている。[81]

公明党は、党所属地方議員のうち一〇分の一以上が東京都内選出であり、都議選で国政選挙並みの力も入れている。そこで、東京都における公明党の地方議員教育について、吉田富雄東京方面・都本部事務局長に議員教育の実態について話を聞いた。[82]

「党員の義務」にのっとって活動

公明党の党員は、各支部会に所属し、決められた「党員の義務」にのっとって活動する。具体的には、①党の綱領及び規約を守ること、②党の政策及び方針に従うこと、③積極的に党活動に参加すること、④党費を納め、機関紙を購読することである。

例えば③については、具体的にどの活動に参加しなければならないという決まりはない。支部会の活動は、様々な会合の開催、（署名）運動やアンケート活動などである。支部会活動の頻度に特別な定めはなく、様々である。活動が活発な支部では毎月活動しているが、そうでない支部は年四回（地方議会の各定例会が終わった後）となっている。支部会独自の活動として、清掃活動や施設への慰問なども行われている。

党員の学習の機会は、④にあるように公明新聞の購読が中心だという。とはいえ、中には公明新聞を購読していない党員も存在するという。公明新聞は、「支部会のために」と「党員講座」という記事を連載している。例えば「党員講座」では、「伝えたい公明党の実績」、「特集『私も読んでいます公明新聞』」、「知っておきたい　カタカナ用語&アルファベット略語」、党公式チャンネル動画、都議選などに関する記事が並ぶ。「支部会のために」では、その時々の政局や政治課題に関連する記事が掲載されている。「公明党の訴えが社会を変えた／主な実績から」、「経済再生へ政策断行／公明、提言の実現に総力」、「公明の主張大きく反映／21年度補正予算、22年度予算案・税制改正から」といった具合である。

「支部会のために」と「党員講座」の両企画記事は、どのような体制で執筆されているのか。公明党の吉本正史機関紙委員長によると、「党員、議員の学習ページについては、『党員ナビ』『議員サポート』とか、青年委員会、女性委員会、『WOMAN & YOUTH』といったページがあり、四面、六面に週二～三回掲載しています。これは主に教宣部が担当しています。『支部会のために』は、日曜版の三面ですが、ときの話題を中心に扱っており、政治部や論説部、報道部などの担当記者が執筆しています」とのことだった。(83)

定期的な研修会に説明会、勉強会もリアルな場で

公明党の東京都内の地方議員を対象とした研修会は、夏季議員研修会、新人議員研修会及び女性議員研修会の三種類あり、定期的に開催されている。開催主体は東京都本部であり、各研修会とも一日で終わる。夏季議員研修会は毎年八月のお盆明け（議員数が多いため、場所は外部会場）、新人議員研修会は統一地方選後の五月か六月（四年に一回。場所は党本部会議室や公明会館）、女性議員研修会は適宜に開催される。

女性政策については、例えば二〇二〇年九月五日、公明会館で大学教授を招き、少子化の課題とコロナ後の家族などをテーマとした講演が行われた。東京都本部女性局勉強会として、二〇二一年三月二八日にオンライン形式で医師を招き、高齢者肺炎球菌ワクチンについて学んだ。夏季議員研修会でも外部講師を招いた勉強会を行う。二〇二〇年は、医師を招き、コロナについて専門的な学習を行った。二〇二一年はコロナの影響で夏季議員研修会が実施できず、オンライン形式で議員総会の形となった。女性議員研修会では、都予算の勉強会も実施する。

東京都本部では、地方議員の新人議員研修会、夏季議員研修会及び女性議員研修会以外にも、党都本部政策局として「都の来年度予算案」の説明会、党都青年局としてアンケート調査を実施する際の学習会などを開催している。ＩＴ講習会については、東京の場合、党本部ＩＴ宣伝統括部が区市ごとに合同開催などの形態で、「スキルアップ研修および意見交換会」を開催する。

充実した内容のテキスト

公明党には、全党的な新人の地方議員教育のテキストとして、「議員研修テキスト」がある。党組織委員会が担当し、統一地方選後に改訂する。六〇ページ以上の細かく充実した内容で、立党精神、法律の専門的で技術的な話、その時代状況に応じた話などが扱われている。吉田東京方面・都本部事務局長は、「よその党もそうかもしれませんけども、うちの場合は、多様な経歴や職業的バックボーンを持つ人が議員になるケースが多いので、議員研修できちんと学習しないと、という部分がある。かなり掘り下げてやっています」と言う。

「議員研修テキスト」以外に、東京都本部独自作成の「遊説ガイドテキスト」も作られており、適宜改訂される。初めて遊説する人のために、それこそ手取り足取り、発声の方法も含めて細かく記載され、マスコミのアナウンサーが学習するような内容となっている。新人議員研修会では、遊説研修も行っており、元アナウンサーを招いた指導や練習もある。なお、『月刊公明』（公明党の理論誌）は、全議員に配布され、自己研鑽の教材として扱われている。

東京本部の新人議員研修会

公明党東京都本部が二〇一九年統一地方選挙後に開催した新人議員研修会（二〇一九年六月一日）について紹介し

よう。同研修会の式次第によると、①立党精神について、②講演「地方自治並びに財政について」、③議員の日常活動について、④質疑応答&挨拶、⑤事務局から連絡事項、⑥活動報告が行われており、充実した内容となっている。

①の立党精神は、「大衆とともに」の理念であり、一九六二年の公明政治連盟（公明党の前身）結成当時の頃からの話を学ぶ。先輩議員が講師を務め（例、市川雄一元公明党書記長、藤井富雄元公明代表など）、テキストにも山口那津男代表の話が掲載されている。夏季議員研修会でも扱われることがあるという。ただし、時代とともに、結党期の公明政治連盟・公明党を知る者が少なくなってきているのが実情で、世代交代に伴う組織文化の継承をどう進めるかが課題であると考えられる。いずれにせよ、党の理念をリアルな場で教育・確認する機会を設けている。ちなみに、公明グラフ別冊の『Ｋｏｍｅｉ ｈａｎｄｂｏｏｋ ２０２２』には、「『大衆とともに』立党精神60年　原点から未来に挑む」という特集が組まれ、「現場第一主義が信条、政治動かす『総点検運動』」、「『大衆福祉』の実現へ　医療、介護などを拡充」、「市民相談は累計４７２６万件超、課題解決まで徹して伴走」などが書かれている(84)。

②の講演では、税務署長を招き、税制などを学んだ。公明党は地方でも与党であるため、予算の組み立て方、どのように予算が成り立っているのかなどを技術的に学ぶ。吉田東京方面・都本部事務局長は、「野党みたいに、ずっと批判していればよいわけではない」と言う。実際、「公明党の野党時代と議員教育の内容は変わりました。財政のこと、予算の組み立てなどは、どちらかと言えば野党時代はそれほど重視していませんでした。政府の姿勢に対する追及の仕方といった話であったのが、与党として受ける側というようになっています」と話す。

③の議員の日常活動として、公明党には議員活動三項目（支持拡大の取組、市民相談活動及び機関紙の拡大）がある。これについては、座学でというよりは、各地方議会の公明党議員から実態を学ぶことの方が多いようである。

④の質疑応答では、新人議員の質問に高木陽介東京都本部代表（衆議院議員）（当時）が答える。また、東京都本部

代表として高木議員が挨拶を行う。

⑤は、細かい事務連絡であり、詳細を割愛する。

⑥は、現職の先輩地方議員が体験談を語る。具体的には、特筆されるような活動を行った者、得票を大きく増加させた者、日常的な広報宣伝活動（ＳＮＳの活用等）を行っている者などに語ってもらい、男性議員と女性議員それぞれに割り当てる。すなわち、組織学習の視点で見ると、成功した個人の行動経験を語ってもらうことで、次の組織的な行動段階へ移れるよう促している。

以上のように、公明党の地方議員教育は充実しているが、各地域で課題が異なるため、実はそれぞれの議会内で学習する機会の方が多いという。特別区、多摩地区及び島嶼では、地域の社会・経済状況が大きく異なる。そのため研修では、大まかな内容になる部分もある。

５　研修の場がもたらす近接性・連帯感・副産物（日本共産党京都府委員会）

本節では、日本共産党を扱う。公明党同様、組織政党である共産党も議員教育が相当程度充実している。さらに、議員に選出される以前から、一般党員レベルで学習活動が展開されている。そこで同党の組織力が強い京都府を対象に、寺田茂京都府委員会副委員長と青柳創造京都府委員会常任委員に話を聞いた[85]。

「四科目」の党員教育カリキュラム

全国の党員が学ぶカリキュラムは、①党綱領、②科学的社会主義、③党史、④規約と党建設の四科目である。全党的な党員教育が本格化したのは、一九六〇年代からである。中北浩爾は次のように解説する。[86]

拡大する党員の質を高めるため、学習・教育制度も整備された。一九六一年一二月一八日からの中央委員会総会で、中央・都道府県・地区の各級での党学校の設置、党員がマルクス・レーニン主義を独習するための文献の指定などが決まり、実行に移された。

一九六八年からは初級・中級・上級の講師資格試験が実施され、新規入党者から幹部まで、それぞれの水準に応じた学習をサポートする仕組みが整えられた。間口を広げながらも、党員の理論的水準を引き上げようとしたのである。

なお、現在の同党は、特定の個人名を称したマルクス・レーニン主義という用語を使用しておらず、科学的社会主義という言葉を用いている。

そもそも日本共産党は、党規約第二条で、「党は、科学的社会主義を理論的な基礎とする」と定めている。四科目を学ぶため、都道府県委員会では都道府県党学校が、地区委員会では地区党学校が開かれる。中央委員会（東京・千駄ヶ谷の党本部）の専門部局である学習教育局は、四科目の講義内容を示し、党員対象の講師資格試験を開催している。

議員教育の党内の位置づけと実態

日本共産党の特徴は、議員教育重視を全党的に位置づけていることだ。第二八回党大会（二〇二〇年一月）の第一決議（政治任務）では、次の文言がある。[87]

（3）地方議員の活動と成長を支え、地方議員（団）の日常活動を強める前大会は、「学習をはじめ若い世代の議員の成長を励ます取り組みを思い切って強める」ことなど、地方議員の成長に力を注ぐことを提起した。若い世代や新人の地方議員が未経験のなかで、苦労しながら議員活動をすすめていることをふまえ、党機関と党支部は、温かいヒューマニズムとリスペクトの立場で、議員を支え成長への援助を続ける。

国会議員を対象にした新人議員研修もあり、憲法・国会法に基づく国会運営、委員会・理事会への対応、法案審査、質問、国民運動との連携、請願、政治資金規正法などのテーマで行われている(88)。

日本共産党の地方議員教育としては、全党的に、①新人地方議員研修会、②地方議員研修会（地方議員会議）、③地方議員研修交流講座がある。①の新人地方議員研修会は、都道府県委員会の責任で実施される。新人議員は、全員受講する必要がある。この研修会の制度は、二〇〇三年四月の統一地方選挙直後から確立した。②の地方議員研修会（地方議員会議）とは、多くのところで年四回の地方議会の定例会前に開催される。その時々の政策課題、議員活動、四科目など、テーマがその都度決められる。③の地方議員研修交流講座は、中央委員会が直接実施しており、二〇一八年四月に第一回目が開催された。対象者は、地方の党幹部として成長してほしい若い世代の議員であり、四泊五日かけて学習と交流を深めた。

地方議員教育のテキスト（議会や行政の仕組みと議員としての心得を学ぶテキスト）も存在する。統一地方選挙があった年の『議会と自治体』誌の六月号では、「必携特集　新人議員これだけは知っておきたい」が掲載される。①地方議会の仕組みと議会・議員の権限、②議会での質問の準備の仕方、③住民要求の議会と行政への届け方、④党の地方政治論の中心をつかむ、⑤議員としての党活動・党生活といった各項目が並んでいる。

京都府委員会独自の研修会

以上のように日本共産党では、全党的に数多くの研修の機会があり、出版物を活用した地方議員教育も展開されている。さらに、京都府委員会が独自に実施する議員研修会もある。具体的には、地方議員研究集会、全議員会議、及び各自治体に共通する課題についての学習会があり、日常的にも「週1回の議員団会議で学習を保障し、議会対応など論議」する。[89] 京都府委員会独自のテキストを作成していないが、関連資料を準備することはある。

寺田副委員長は、「研修会の内容は、その時々の状況に応じて、党に関するものと地方議会・政策に関するものの割合が変わります」と話す。青柳常任委員も「飽くまで印象ですが、コロナ禍でZoom形式での研修が増え、その時々の政策課題を扱っています」と言う。

第一に、地方議員研究集会は、「基本的には年1回、全地方議員と府常任委員を対象とした地方議員研究集会を開催。2日間の日程で、①府委員会からの政治報告や党綱領の記念講演など、②府自治体部から府内の自治体をめぐる動きと論戦の到達をまとめた報告、③各自治体に共通する課題で大学教授、専門家を招いた講演、④分科会（テーマは年によって異なるが公共交通、教育、医療・介護、地域経済など多様）を行う。1泊2日で議員同士の交流も兼ね」ている。[90] この継続的な宿泊を伴う研修は、京都府委員会最大の特徴の一つである。寺田副委員長は、議員教育（研修会）に時間をかける意義をこう語る。

一泊二日で実施する背景は、時間をとって大いに議論ができる点です。また、各議員は日常的に忙しいため、議員同士が交流する時間がありません。たしかに、行政や政策問題で議員がやり取りすることはありますが、「どのように苦労して議員活動をしているのか」という観点では交流する場はありません。一泊二日だとそういう時間もとることができます。また、共産党の京都府内選出の議員数は、一〇〇人を超えています。全体会をやっても、報告、質疑の数が限られてしまいます。できるだけ一〇人くらいの単位で分散会にし、議論を尽くせるよう工夫を行っています。

組織内の社会的ネットワークの視点で言えば、橋渡し型ネットワークによるつながりも可能となる。また、研修中の夜のプライベートタイムも交流の場となっており、議員同士のヨコの交流の場として機能している。こうした非公式的な交流の場の存在は、組織行動学が示す研修方法の方向性と一致する部分がある。[91]なお、京都府委員会の地方議員研究集会の位置づけは、前述した地方議員研修会（地方議員会議）に該当する。

第二の全議員会議は、「全議員を対象に当面する国政選挙、地方議員選挙、首長選挙等に向けての論戦課題の（地方自治体問題活動の）交流と意思統一の場として開催する。開催判断とテーマは時々の情勢と課題による」[92]。

第三の各自治体に共通する課題についての学習会は、「水道広域化、自治体ＤＸなど、各自治体に共通する課題について、年数回、議会が開かれていない時期などに専門家を招き学習会を開催」する[93]。テーマ別の学習会であり、関係議員が集う。開催頻度は一般化できないものの、頻繁に開催している年は平均して月一回、そうでなければ年四～五回程度になる[94]。

全議員が集まる時間をいかに確保するか

以上の三つ以外にも地方議員向けの党学校（年平均で数回実施）や新人地方議員研修会は当然として、若手の議員や専従者の交流会、一期目の議員対象の党学校もある。京都府委員会での新人地方議員研修会は、前述した『議会と自治体』誌の「『新人議員　これだけは知っておきたい』を中心に深める。基本的には引退した議員が講師となり、経験を生かした中身となる」とのことであった[95]。若手の議員や専従者の交流会は、年三～四回の頻度で行われる。

専門家を招いた講習会（例、ジェンダー）や、一泊二日の泊りがけ（宿泊を伴う場合は地方議員研究集会に組み込む）で交流することもあるという。

青柳常任委員は、「政党である以上、共産党の議員は、何によって結束しているのか、ということになるのではないかと思います」と語る。宿泊を伴う議員教育を定期的に実施している政党は、管見の限り、ほかに聞かない（ただし京都府委員会もコロナ禍では宿泊の形態でやっていない）。議員教育特有の苦労について、寺田副委員長は言う。

議会もあって議員は多忙であるので、全体で集まる時間がなかなか取りにくい点で苦労しています。集まれる時間を作れるよう工夫しています。全府的に、オンラインでの情報提供や交流をもっと強めていきたいという思いもあります。

候補者予備群・議員教育の全体的な方向性

以上、各党を見てきた。候補者予備群・議員教育については、単なる技術の伝達にとどまらず、組織文化から規範・連帯感によって凝集性を高めるレベルまで考慮すると、各党の認識から判断して経験主義的な内容が多く含まれていた。それゆえ、大勢（政党により人数の認識基準が異なるだろう）での画一的な教育が難しく、少人数制やメンター制のような細かく面倒を見る方向性が有用ではないだろうか。その際、党官僚制の充実（第2章第2節で指摘した選挙での落選者の処遇手段としても一案である）と裏付けとなる資金源をセットで検討するべきである。

自民党の候補者予備群・議員教育は、派閥から党執行部、そして党組織へと対応の重点が変化した。中央政治大学院と地方政治学校との間で、統合と分化の役割が整理された。時間軸・空間軸とも拡大し、教育の対応に当たるようになった。ただし、派閥に残され続けた役割を見たように、「情報は力」という環境についての負の影響を注視する必要がある。共有手段としての党内コミュニケーションとその空間を再検討する余地が残されている。

立憲民主党については、概して、他党と比較して相対的に党の理念や歴史よりも、国会対応の内容に注力していたように考えられる。これは、旧民主党時代からの経路依存性だけでなく、与野党や議席数の違いによって生じているとも考えられる。繰り返された野党の離合集散と多弱化は、それまで積み重ねた党内の時間軸と空間軸を断絶した。議員教育の内容や地方政治も含めた党内コミュニケーション空間そのものへ影響する可能性が考えられる。

日本維新の会は、候補者予備群の教育やその後の公募応募に至るアプローチを見ると、かなり意識して面倒を見ている。チューターの存在やファシリテーターの割当てまで配慮しており、連帯感を高め、選挙で政党ラベルを発揮できるようにするための興味深い工夫である。

公明党東京都本部と日本共産党京都府委員会は、両党ともに議員教育に相当程度力を入れていた。背景としては、内部型の候補者リクルートであるために自前で人材育成する必要性が高いこと、そして地方議員が多いことがある。議員教育は、単なる議会活動、選挙活動及び日常活動の技術の伝授だけでない。議員が定期的に集い、場を共有することは、「党所属議員として」という政党の集合的アイデンティティや理念の確認にもつながり、党への忠誠心を高め、同じ党の議員としての一体感を強める側面で重要である。この点は、第1章で扱った公明党の全国地方議員団会議の役割についての証言とも一致する。定期的なリアルな場の機会を設けることは有用である。

本章全体をとおして言えるのは、多様な情報があふれる中、知識基盤社会が成熟していくに伴い、国会・地方議員とも専門知識を身につけることが求められているが、議会等も含めた日常的な多忙なスケジュールに追われている現実がある。また、政党が歴史を積み重ねるにつれて、世代交代によって当該党組織よりも年齢の若い新たな人材が入る中、いかに党の理念を継承するかも課題にあった。概して、議員政党では候補者予備群時代から、組織政党では一般党員時代から組織的に環境を認識させて個人の信念に影響を及ぼそうとする「早期教育」が手段として用いられている。政党によっては、インターンシップの学生を積極的に引き受けたり（例、自民党の中央政治大学院）、学生部の活動を活発化しているところもある。これらも「早期教育」の一環であり（日本の公教育では「政治的中立性」が重視されているため、一八歳以上が合法的なスタート地点である）、各党がどのような目的・目標とプログラムで教育を実施し、政治的社会化の影響を及ぼしているのか、研究蓄積が求められる分野である。

（1）飯尾潤「政党・選挙・政権公約」佐々木毅・21世紀臨調［編著］『平成デモクラシー 政治改革25年の歴史』講談社、二〇一三年、四八頁。
（2）高尾義明、前掲『はじめての経営組織論』二〇一頁。
（3）桑田耕太郎・田尾雅夫、前掲『組織論［補訂版］』二九八頁。
（4）同上。
（5）自由民主党HP「自民党ガバナンスコードが決定」二〇二二年五月三一日 https://www.jimin.jp/news/information/203700.html（二〇二二年六月二二日閲覧）。
（6）党改革実行本部「自由民主党ガバナンスコード」二〇二二年五月三一日 https://jimin.jp-east-2.storage.api.nifcloud.com/pdf/news/policy/203700_1.pdf
（7）「自民 若手議員研修会ブーム 総裁選での〝即戦力〟を期待？」『読売新聞』一九八六年一〇月一六日朝刊。
（8）石川真澄『戦後政治史［新版］』岩波書店、二〇〇四年、一五八頁。
（9）「小泉首相、『派閥不要』説く 意見・情報、自民党本部で交換を 新人議員研修会」『朝日新聞』二〇〇五年九月二二日朝刊。
（10）「脱派閥、引き金なるか 自民新人議員、党主導で教育 今日から研修会」『朝日新聞』二〇〇五年九月二〇日夕刊。
（11）「（06自民総裁選 新人議員の行方：上）『83会』不協和音」『朝日新聞』二〇〇六年二月二日朝刊。
（12）「小泉チルドレンどう動く 自民新人議員83人」『朝日新聞』二〇〇五年一二月二一日朝刊。

(13)「(06自民総裁選　新人議員の行方：上)『83会』不協和音」『朝日新聞』二〇〇六年二月二日朝刊。
(14) 同上。
(15) 同上。
(16)「最大勢力は〝小泉派〟自民、無派閥新人60人　『囲い込み』批判も」『読売新聞』二〇〇五年九月二四日朝刊。
(17)「小泉チルドレンどう動く　自民新人議員83人」『朝日新聞』二〇〇五年一二月二一日朝刊。
(18)「脱派閥、引き金なるか　自民新人議員、党主導で教育　今日から研修会」『朝日新聞』二〇〇五年九月二〇日夕刊。
(19)「(政権交代　鳩山内閣発足へ)小鳩分担、滑り出す　屋台骨、大物ずらり」『朝日新聞』二〇〇九年九月六日朝刊。
(20)「『党務は小沢氏』鮮明　陳情処理・新人教育に課題　鳩山氏不在、初の民主党役員会」『朝日新聞』二〇〇九年一〇月一四日朝刊。
(21) 同上。
(22) 同上。
(23) 同上。
(24)「民主新人鍛える『小沢小学校』朝8時半から勉強会、欠席・遅刻に厳罰」『朝日新聞』二〇〇九年一〇月二四日夕刊。
(25)「民主・新人議員黙らす『小沢5原則』執行部、10班に分け管理」『朝日新聞』二〇一〇年一月三〇日朝刊。
(26)「自民の新人教育、手取り足取り　115人、生き残りへ『品格』伝授」『朝日新聞』二〇一三年一月二三日朝刊。
(27) 同上。
(28)「クローズアップ2014：衆院選中盤情勢(その1)追い風なき1強」『毎日新聞』二〇一四年一二月八日朝刊。
(29)「自民の新人教育、手取り足取り　115人、生き残りへ『品格』伝授」『朝日新聞』二〇一三年一月二三日朝刊。
(30)「自民党・青年局、新人の国会議員らに研修会」日テレNEWS、二〇一三年一月一〇日 https://news.ntv.co.jp/category/politics/222907 (二〇二二年五月一八日閲覧)。
(31)「増える派閥所属　恩恵に期待？」『朝日新聞』二〇二一年四月二三日朝刊。
(32)「熱血『石破教官』新人議員に夏の心得と宿題―お盆、お祭り、お礼回り」産経ニュース、二〇一三年八月八日 https://www.sankei.com/article/20130808-NLKSGHOWSVKY3COJAADWXJEZEA/ (二〇二二年五月一八日閲覧)。

(33)「増える派閥所属　恩恵に期待？」『朝日新聞』二〇二一年四月二三日朝刊。

(34)同上。

(35)「熱血『石破教官』新人議員に夏の心得と宿題—お盆、お祭り、お礼回り」産経ニュース、二〇一三年八月八日 https://www.sankei.com/article/20130808-NLKSGHOWSVKY3COJAADWXJEZEA/（二〇二二年五月一八日閲覧）。

(36)「片手間　続かぬ『人材育成』（政治家よ　第1部　壁と風：3）」『朝日新聞』一九九八年六月三日朝刊。

(37)同上。

(38)「自民党『政治大学院』復活　若手候補者発掘、世襲議員増殖の危機で」『朝日新聞』二〇〇〇年一〇月一八日朝刊。

(39)同上。

(40)自由民主党　下村博文中央政治大学院学院長（衆議院議員）へのインタビュー（二〇二二年五月一六日）。以下、特別な断りがない限り、同じものとする。

(41)自民党中央政治大学院ＨＰ「中央政治大学院とは」https://daigakuin.jimin.jp/aboutus/（二〇二二年五月一七日閲覧）。

(42)「政治家育て、党の学校　民主、地方で発掘・自民、敗北検証も」『朝日新聞』二〇〇九年一二月七日夕刊。

(43)自民党中央政治大学院ＨＰ「中央政治大学院とは」https://daigakuin.jimin.jp/aboutus/（二〇二二年五月一七日閲覧）。

(44)「自民県連：政治大学校を年内にも設立」『毎日新聞』二〇一一年一〇月一九日朝刊（山梨版）。

(45)「自民、来月から議員教育開始へ　派閥に代わり、中堅・若手対象に」共同通信社、二〇二四年二月一八日 https://www.47news.jp/10543153.html（二〇二四年二月一九日閲覧）。

(46)立憲民主党　小川淳也政務調査会長（衆議院議員）へのインタビュー（二〇二二年四月二八日）。以下、特別な断りがない限り、同じものとする。

(47)二〇二一年一一月一六日現在。シュハリ・イニシアティブ［編］『国会便覧』（令和三年十二月臨時版）シュハリ・イニシアティブ、二〇二一年、三六〇頁。

(48)立憲民主党　大滝敬貴党本部総務局部長へのインタビュー（二〇二二年四月一四日・一八日）。以下、特別な断りがない限り、同じものとする。

(49)「『質問力』向上余裕なく」『読売新聞』二〇二一年四月一四日朝刊。

(50) 岡野裕元、前掲「公明党の立体的政策形成――『ヨコ』関係の軸となる国会議員・地方議員・事務局との協働ネットワーク――」四六四頁。

(51) 同上、四六二-四六三頁。

(52) 岡野裕元「日本共産党のマルチレベルにおける党内ガバナンス―候補者リクルート、地方議員教育、補佐・支援体制にも着目して―」『政治学論集』(三五) 学習院大学大学院政治学研究科、二〇二二年。

(53) 辻元清美『国対委員長』集英社、二〇二〇年、五七-五八頁。

(54) 同上、六〇-六一頁。

(55) 公明党ＨＰ「衆院委の質問時間配分Ｑ＆Ａ」公明新聞二〇一七年一一月一八日付 https://www.komei.or.jp/news/detail/20171118_26349 (二〇二四年三月一〇日閲覧)。以下、与野党配分の記述内容も特別な断りがない限り、出典先が同じである。

(56)「質問時間配分、与野党『1対2』 衆院文科委きょう開催」日経電子版、二〇一七年一一月一五日 https://www.nikkei.com/article/DGKKZO23464410U7A111C1PP8000/ (二〇二三年四月一六日閲覧)。

(57)「質問時間『5対9』で合意　衆院予算委で与野党」日経電子版、二〇一七年一一月二二日 https://www.nikkei.com/article/DGXMZO23807740S7A121C1PP8000/ (二〇二三年四月一六日閲覧)。

(58) 千正康裕『ブラック霞が関』新潮社、二〇二〇年、一五四頁。

(59)「質問通告遅れ、今国会でも　霞が関のブラック化を助長」産経ニュース、二〇二三年二月一日 https://www.sankei.com/article/20230201-63HSRF2755J5NVGUNOXYPFIK4/ (二〇二三年四月一二日閲覧)。

(60) 辻元清美、前掲『国対委員長』五三頁。

(61) (新) 国民民主党ＨＰ「『女性議員ネットワーク　第1回総会』を開催」二〇二一年九月一日 https://new-kokumin.jp/news/business/2021_0831_1 (二〇二二年一一月一五日閲覧)。

(62) (旧) 国民民主党ＨＰ「全国幹事会で玉木新執行部の取り組み方針を説明し意見交換」二〇一八年九月二四日

https://www.dpfp.or.jp/article/200614（二〇二二年一一月一五日閲覧）。

(63) 砂原庸介「政党の地方組織と地方議員の分析」建林正彦［編著］『政党組織の政治学』東洋経済新報社、二〇一三年、六五頁。

(64) 海江田万里［編］『民主党政策ハンドブック』勉誠出版、二〇一四年、一八頁。

(65) 同上。

(66) 同上、二八-二九頁。

(67) 同上、二九頁。

(68) 日本維新の会　藤田文武幹事長（衆議院議員）へのインタビュー（二〇二二年七月一三日）。以下、特別な断りがない限り、同じものとする。

(69) 日本維新の会　音喜多駿政務調査会長（参議院議員）へのインタビュー（二〇二二年七月二六日）。以下、特別な断りがない限り、同じものとする。

(70)「日本維新の会：石原・橋下両氏、共同代表了承へ——役員会」『毎日新聞』二〇一三年一月一九日夕刊。

(71) 日本維新の会「【維新ｄｅＧＯ！】〝時空を超えた〟維新政治塾、４月始動。」二〇二二年二月二二日 https://www.youtube.com/watch?v=UkayVcIjQp4（二〇二二年七月一八日閲覧）。

(72) 同上。

(73) 同上。

(74) 日本維新の会ＨＰ「維新政治塾」https://o-ishin.jp/seijijuku/index.html（二〇二三年五月四日閲覧）。

(75) 熊野公俊「Ｗｅｂ-ＧＡＢ対策を完全網羅—出題内容から突破のコツまで解説」ＰＯＲＴキャリア、二〇二三年三月二八日 https://www.theport.jp/portcareer/article/26444/（二〇二三年五月一三日閲覧）。

(76) スティーブン・Ｐ・ロビンス、前掲『組織行動のマネジメント　入門から実践へ［新版］』四〇五頁。

(77) 岡野裕元、前掲「公明党の立体的政策形成——『ヨコ』関係の軸となる国会議員・地方議員・事務局との協働ネットワーク——」四五四頁。

(78) 同上、四五五頁。

(79) 同上。
(80) 同上、四五四頁。
(81) 同上。
(82) 公明党　吉田富雄東京方面・都本部事務局長へのインタビュー（二〇二一年三月三〇日）。以下、特別な断りがない限り、同じものとする。
(83) 公明党　吉本正史機関紙委員長へのインタビュー（二〇二三年二月一七日）。
(84) 公明党機関紙委員会［編］『Ｋｏｍｅｉ　ｈａｎｄｂｏｏｋ　２０２２』公明党機関紙委員会、二〇二二年、四-七頁。
(85) 日本共産党京都府委員会　寺田茂副委員長と青柳創造常任委員へのインタビュー（二〇二二年四月二五日）。以下、特別な断りがない限り、同じものとする。なお、岡野裕元、前掲「日本共産党のマルチレベルにおける党内ガバナンス――候補者リクルート、地方議員教育、補佐・支援体制にも着目して――」においても、日本共産党中央委員会と京都府委員会での党内ガバナンス、地方議員教育や候補者リクルートなどを詳しく扱っている。
(86) 中北浩爾『日本共産党』中央公論新社、二〇二二年、二四八-二四九頁。
(87) 日本共産党ＨＰ「日本共産党第28回大会　第一決議（政治任務）」二〇二〇年一月一八日採択　https://www.jcp.or.jp/web_jcp/html/28th-kaigi/20200118-28taikai-ketsugi1.html（二〇二二年一〇月五日閲覧）。
(88) 岡野裕元、前掲「日本共産党のマルチレベルにおける党内ガバナンス――候補者リクルート、地方議員教育、補佐・支援体制にも着目して――」。以下、拙稿の情報も利用して記述する。
(89) 日本共産党京都府委員会文書回答、二〇二二年四月二七日。
(90) 同上。
(91) スティーブン・Ｐ・ロビンス、前掲『組織行動のマネジメント　入門から実践へ［新版］』四一〇-四一一頁。
(92) 日本共産党京都府委員会文書回答、二〇二二年四月二七日。
(93) 同上。
(94) 岡野裕元、前掲「日本共産党のマルチレベルにおける党内ガバナンス――候補者リクルート、地方議員教育、補佐・支援体制にも着目して――」四一一頁。

（95）日本共産党京都府委員会文書回答、二〇二二年四月二七日。

第4章　党員・政党職員レベルからの時間・空間設計による社会化の手段

議員政党と組織政党の各党は、第2章と第3章で見てきたように、候補者リクルート方法そのものや候補者予備群・議員教育の内容だけでなく、それらの時間と空間の使い方にも差がある。これは、組織文化の維持・変革と規範・連帯感による凝集性を考える上で、見逃せない要因である。というのも、ミドルやロワーの立場にある国会・地方議員レベルだけでなく、一般の構成員である党員・政党職員も時間と空間の観点を含め、多様な手段によって社会化される過程があるからだ。組織文化の維持と変革について、組織行動学の教科書で次の記述がある。[1]

組織文化は比較的安定した特性から成り立っているため、変革することは難しい。そうした文化は長い年月をかけて構築されたものであり、従業員にとって礎となる確固たる価値観に根差している。さらに、既存の文化を維持するために絶えず作用している数々の要因が存在する。組織の使命や哲学を記述したステートメント、物理的なスペースや建物の設計、支配的なリーダーシップ・スタイル、これまでの採用基準や昇進慣行、確立した儀式、重要な人物や事柄に関して語り継がれたエピソード、組織がこれまで採用してきた業績評価基準、公式の組織構造などがその例である。

以上の指摘は、政党も組織である以上、当てはまる可能性がある。文化の伝授には物的シンボルとエピソードも有効であるため、[2]本章では組織政党である日本共産党と公明党の事例を紹介したい。組織政党が内部型の候補者リクルートを行う以上、公募も用いた併用型の候補者リクルートを行う議員政党と比較して、党員・政党職員に対する日常的な場での社会化の重要性が相対的に高くなる。それゆえ、両党の取組に焦点を当てた。

1　建物設計や室内レイアウトによる物理的・心理的効果（日本共産党京都府委員会）

本節では、物的シンボルの観点から、日本共産党京都府委員会を事例に、建物の設計や室内のレイアウトが果たす役割を扱う。現在、政党組織の既存の建物は、その多くが老朽化しており、建て替えの時期に差しかかっている。建物や部屋は物的シンボルであり、その設計やレイアウト方法は人間が長い年月をかけて日常的に活動する上で、見逃せない影響要因である。組織行動学の教科書では、従業員が組織文化を伝授される一形態として、物的シンボルが次のような機能を果たすと紹介されている(3)。

本社のレイアウト、経営幹部に提供される自動車の種類、自家用ジェット機の有無などは、物的シンボルのほんの一例である。その他には、オフィスのサイズ、優雅な家具類、重役手当、服装などが含まれる。こうした物的シンボルは、従業員に対し、重要な立場にあるのは誰か、トップ・マネジメントはどの程度の平等主義を求めているのか、どのような行動が適切であるのか（たとえば、リスク志向、保守的、権威主義的、参加型、個人主義的、社交的であるなど）といったことを示している。

物的シンボルは、政治決定の場でも役割を果たし得る。例えば御厨貴『権力の館を歩く』で、次の指摘がある(4)。より具体的かつ視覚的に言えば、建築がそこで営まれる政治を規定しているのではないか。外面的には建築が建つ〝場〟の状況によって、内面的には建築の中の〝配室〟の状況や、さらには部屋内の机や椅子の〝配置〟状況によって、政治決定のあり方が決まってくる。もちろんかつての経済決定論と同様、すべてが建築によって決まるとする建築決定論を主張するものではない。

いずれにせよ、建物や室内レイアウトが与える心理的効果を軽視できない。

写真１　日本共産党京都府委員会

官民の先進事例と違和感ない京都府委員会の建物内部

本節が注目するのは、日本共産党京都府委員会の建物（写真1）である。その内部は、先進的にオフィス改革に取り組んでいる行政機関や民間企業と比較し、余り違和感がない。党建物の設計について、参照モデルとなる可能性を秘めている。

とはいえ、政党の建物と室内は、党員や政党職員にとって風景が日常化しており、意識されにくい。事実、日本共産党京都府委員会『京都府党一〇〇年のあゆみ』には、次の記述くらいしかなく、特別な注意が払われていない。[5]

> 西陣の民家での創立から出発した日本共産党京都府委員会が、いくつかの変遷をへて本格的な事務所を構えたのは、六〇年代から七〇年代の第一の党躍進の時期―六九年一〇月でした。それから五〇年後、現在の新事務所を建設したのは、二〇一〇年代の第三の党躍進の

時期を経ての二〇一九年五月でした。

それゆえ、筆者のような外部の人間だからこそ、日常風景を問う意義が十分ある。そこで、日本共産党京都府委員会の寺田茂副委員長と青柳創造常任委員に話を聞くことにした。(6) ベテランと若手の両方の視点を交え、解き明かしていきたい。

建て替えの経緯

京都府委員会は、京都市営地下鉄烏丸線・丸太町駅から丸太町通りを西へ少し歩いた場所に位置し、京都府庁のおひざ元にある。地上五階建ての同建物は、「京都の党の果たしてきた、そして果たすべき役割を象徴的に示す『シンボル』となっている」(7)。建て替えに至った理由について、寺田副委員長が語る。

前の建物は、地上六階、地下一階建てで、六階部分を倉庫として利用していました。建て替えた理由は、大きく三つあります。前の建物が一九六九年にできてから、五〇年経過した節目であったこと、外壁の破損など含めて老朽化が進行していたこと、府委員会一〇〇周年記念事業の一環としてということです。例えば外壁の修繕費だけで一千数百万円くらいかかります。耐震にしても五〇年前の基準では現代で通用し無くなっていました。

結果としての話ですが、耐震問題については、京都府の補助金事業の制度（京都府大規模建築物等耐震化支援事業）も利用しました。京都府が地震など災害時の避難経路の対策を行う中で、避難場所である京都御苑につながる主要道路周辺のビルが倒壊すると大変なので、ビルを改修、建て替えするような計画がある場合、補助制度ができました。丸太町通りと堀川通りは、避難経路の主要道路でしたので、道路の両側に建つ建物については、一定の基準を満たすと補助金が出ます。府委員会の建て替えの際にも二千数百万円の補助金が出ました。

また、今の建物が建っている土地の南側部分は、別の方の所有地でした。その方が家と土地を手放されるというお話がちょうどその時期に浮上しました。拡張することも含めて、良い機会と捉えました。当初予算が四億円程度でしたが、南側の土地の新たな買い入れも含め、建て替え費用が総額約五億数千万円になりました。費用の捻出は、京都府からの補助金、党内外の方からの募金（約四億円）でしたが、費用が膨れた分の残りの一億円を党内外の方からの借入金としました。

同じ場所で建て替えた理由は、府委員会の前には京都府庁があり、府政の一番の焦点となる場所だからです。もう少し周辺の土地代が安い場所へ移転する意見も党内でありましたが、やはり京都のこの中心地で、という意識もありました。設計は京都建築事務所、建築施工は岡野組が担当しました。京都建築事務所の今の会長が若い頃、旧建物の設計に携わっていました。

近年、共産党も全国で建物の建て替えが多い。寺田副委員長は、「僕らが聞いている範囲でも、十数県がこの時期に建て替えています。党が躍進した一九七〇年前後くらいに、前の建物を建てています。滋賀県委員会は、京都の話を聞いて同じ設計事務所に依頼しました」と言う。建て替えラッシュは、高度経済成長期に建設が相次いだ自治体庁舎の老朽化に伴う事情と似ている。

設計のコンセプトで重視した点について、寺田副委員長は話す。

京都の共産党が府民に開かれた、府民とともに歩む組織だということを体現できるよう、京都の共産党の存在感を示す建物にしたいという思いが根底にあります。一例として、五階のスペースでは、五山送り火の「大」の字が見えます（写真2）。現在はコロナで中断していますが、新しい建物ができた二〇一九年に町内会の方々を招き、大文字を観る会を実施しました。同じく、党外の方も参加したような学習会やミーティングを実施したりしています。一階もほぼガラス張りにしており、明るく、人が建物に入りやすいようにしています。また、障害者の方にも配慮して、エレベーターだけでな

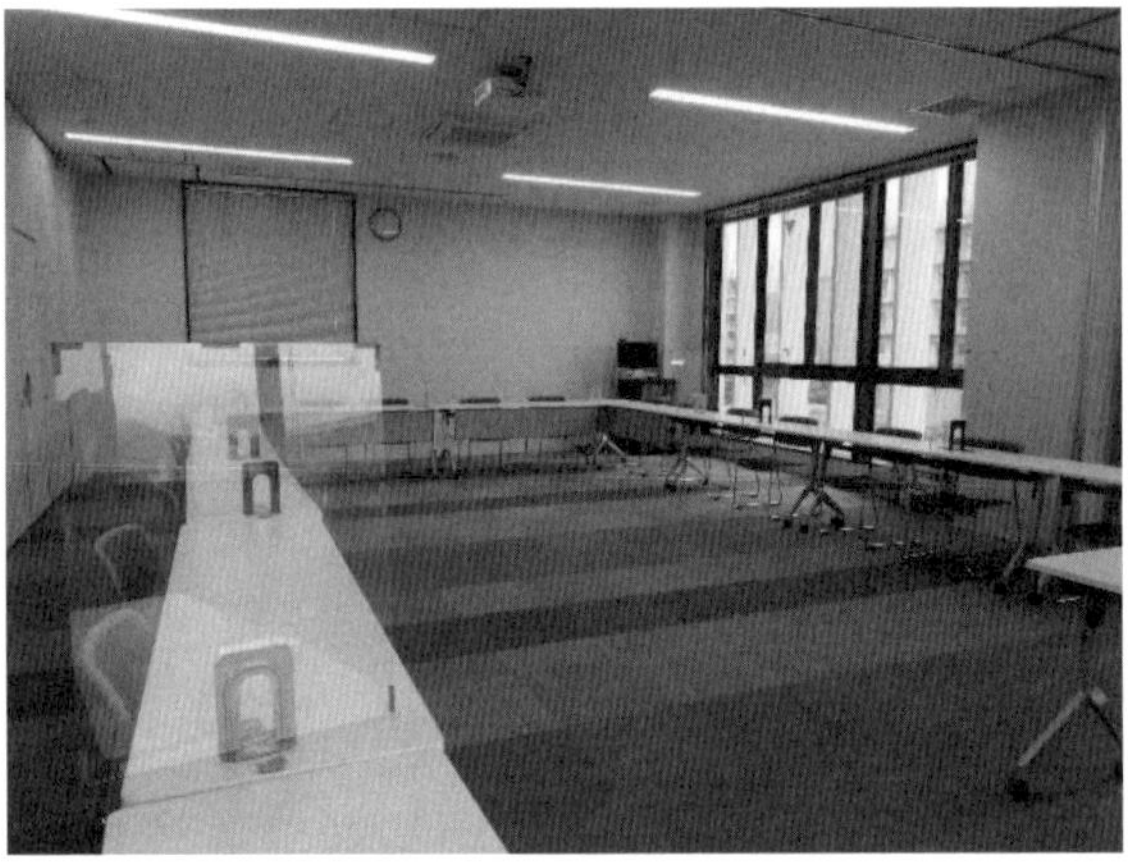

写真２　会議等で使用する５階のスペース

く、多目的トイレも設置しました。党職員向けに、シャワー室、女性休憩室も新たに設けています。

青柳常任委員も言う。

具体的なコンセプトの話だと、「明るくて開放的にしたい」、「選挙事務所として使いたい」、「比較的大きな会議室を作って全府的な会議ができるようにしたい」、「市民に開かれている事務所をつくりたい」の四つになります。

室内レイアウトで「空間」の使い方を意識

設計に当たり、前の建物と比較して、「どういう部分を変えよう」と意識したのか。寺田副委員長は答える。

「どういう部分を変えよう」という点については、「明るくて開放的にしたい」の観点で言うと、細かい個室や会議室で空間を狭めるようなことにしないで、各階をできるだけオープンスペースとし、柱や壁をできるだけ少なくしました。また、府委員会の周辺は二〇メートルの建物の高さ規制[8]があり、府委員会の建物の高さも限度いっぱいです。例えばマンションは、八階、九階建てという状況です。しかし、階数を多くしてしまうと、各階当たりの天井の高さが低くなってしまい、圧迫感が生じる問題があります。各階の執務室の高さ空間を考え、できるだけ開放的にするために五階建てとなりました。典型的なのは五階のスペースで、柱が全然なく、最大二〇〇人（コロナ禍前）収容できます。

外装については、当初、共産党の看板をもっと大きくし、スローガンを入れて、といった意見もありました。しかし、そうとはせず、できるだけシンプルにしています。一行で「日本共産党」の文字だけです。党内議論の際、若手の意見も取り入れなきゃいけないという全体の空気感や大枠の合意がありました。若手と年配との世代間対立が結構あったという訳じゃありませんよ（笑）。

青柳常任委員も答える。

新しい事務所の建て替えに当たって、一部の幹部だけでなく、若手職員も入れた事務所建設委員会を立ち上げ、随分と論議しました。実感としては、最初に出てきた設計と、最終的に出来上がったものが大分変わっています。外壁や内装も含め、何回も会議をして侃々諤々な論議を行いました。例えば外壁については、当初案はのっぺりとしていましたが、府委員会の旧建物は「赤レンガ」と呼ばれていた象徴的な建物でしたので、その色目を残そうとか、旧事務所のプレートをそのまま使用などしました。

議論の過程で、どういう備品がいいのか、どういう事務所のしつらえをするのか、というのは、コクヨのモデルルームへ一度訪問し、相談しています。若手の意見もかなり取り入れてもらったと感じています。例えば党内で部屋を仕切りたいという意見もありましたが、京都建築事務所やコクヨさんとも交えて論議して、「開かれた事務所」という観点からオープンスペースにするアイデアが採用されました（写真３）。コクヨさんからは委員長室の椅子くらいは値段が高いものを入れてはどうかと御提案もありましたが、それはお断りしました（笑）。

実際、外装については、「外部の透かしレンガ積みは旧建物のイメージを踏襲し、ルーバーによりすっきりとした印象を演出」しており[9]、京都の街並みに馴染むデザイン、色合いとなっている（写真１再参照）。また、室内については「以前の建物では、『個室』になっていることが結構多かったです。物理的な壁であるとか、縦長のロッカーその他で仕切っていました。天井も低かったです」（寺田副委員長）とのことだった。現在、個室で執務できる部屋は、委員長室（写真4）と資料室くらいしかない。こうして物理的にコミュニケーションしやすい室内環境へと変化した。そこで次に問われるのは、党員や政党職員の心理的変化と行動変化である。

写真3　オープンスペースの4階執務室

写真4　委員長室（日本共産党京都府委員会提供）

変化したコミュニケーション

旧建物と新建物を比較し、党内でのコミュニケーションに何か変化は生じたのか。部署配置の観点で、寺田副委員長が答える。

各階の部署の配置について、目的別で四つに整理する工夫を最初に行いました。一階は国政事務所としてオープンなスペース、二階は党づくりの部署（党機関紙、財政、学習及び組織）、三階は府委員会三役と選挙を中心に、四階は国民や府民の運動、青年・学生部、自治体部です。

青柳常任委員も語る。

前の建物のときは手狭でしたので、実は別のビルのスペースも借りていました。旧建物は、府委員会の機能が全部入る事務所ではありませんでした。一例を挙げると、現在、四階にある国民運動の部署は、ワンフロアになったので、青年・学生部とも意思疎通やコミュニケーションがかなりしやすくなりました。旧建物のときは、国民運動の部署はここにはなく、フロアも分かれていました。情報交流は会議以外でも必要です。

コミュニケーション空間の観点で、寺田副委員長が話す。

意思疎通のしやすさについては、出先の建物にあった部署が同じ建物内に集約されたこと、執務室がオープンスペースになったという両側面だけではありません。室内のレイアウトでは、部署間を書棚で仕切られることがないよう統一した書棚を設置しました。ロッカーについても議論があり、衣服が入る縦長のロッカーを改め（ロッカーの高さがあり、天井が低いと「壁」ができてしまう）、一人当たりのロッカーサイズを正方形に近い小さなものにしました。前のロッカーだと、思っていた以上にスペースをとっており、重くて移動もできませんでした。一番のポイントは、ロッカーです。

青柳常任委員も言う。

机の上の私物をロッカーの中に入れて、机の上を綺麗にして、フリーアドレスみたいにしようという構想もあったのですが、実際に新しい事務所で仕事をし始めると、難しいと分かりました。机の引き出しについては、移動式の小さなキャスター付きキャビネットを希望者に導入しました。最初はこの数も最小限にしてすっきりさせようという構想もありましたが、共産党の場合、個人で属人的な資料（紙媒体）が必要という仕事の性質上、希望者が多く、結果としてキャビネット数がどんどん増えてしまいました。

残された課題

建て替えに伴って室内レイアウトを大幅に変更し、室内空間でのコミュニケーションの在り方自体が変化した。政党職員個人の労務環境が大きく変化し得る。「働き方改革」への対応の観点から、青柳常任委員が答える。

今までやってきたことを上から変えても、なかなか上手くはいかないと思っています。ただし、紙媒体での文書数を減らしました。各階に掲示板があるので、個人に配布することを止め、貼ることで対応しました。同時に、党内の伝達ツールとしてのネット対応（個人宛のメールやＬＩＮＥ）もです。

建物のデジタル化対応への観点から、寺田副委員長が答える。

様々なコード類については、旧建物で「タコ足配線」のように床上や天井で張っていましたが、今の建物では床下に埋め込む工夫をしています。

青柳常任委員も言う。

府委員会の建物は、館内ＬＡＮとインターネット接続のＬＡＮに分けて対応できるようになっています。サーバーを使っての集中管理をできる体制もあり、配線もしています。しかし、フロアごとでの保存の仕組みがあったりするため、余り機能が生かされていない面がまだあります。とはいえ、建て替え後に一年足らずでコロナ禍に入り、二〇二〇年からＺｏｏｍなどネット対応が急速に進まざるを得ない状況となりましたが、建物を新しくしたお蔭で一定の対応ができた側面もあります。京都の一五の地区委員長会議、選挙関係の伝達もそうです。

設計関係での課題や改善すべきと認識した観点について、青柳常任委員は語る。

デジタル化対応の話に加えて、建て替え後、Ｚｏｏｍなどが急速に拡大しましたので、その利用スペースが足りない点があります。オープンスペースにしたので、個室がありません。少人数での打合せスペースについても同様です。党内では、少人数での打合せの機会が多いです。また、思った以上に政党活動では物が多くなります。選挙のときに使う備品は減らせませんし、置いておく必要があります。ところが、この事務所には置いておくスペースがかなり少なくなっています。建てる前は備品についてそこまで論議ができていませんでした。

寺田副委員長は補足する。

地下階があれば、物を置けるスペースもできて余裕をもって使用できたと感じています。しかし、予算もいっぱいで、地下階をつくるとなると金額も相当かかります。また、屋上にしても太陽光パネル設置を検討しましたが、予算オーバーでできませんでした。

建物と室内レイアウトが果たす「空気をつくる力」

党内組織文化の維持や政党の一体性という観点で、設計が貢献していると感じる点について、寺田副委員長は答える。

「府民に開かれた明るい事務所」というコンセプトの面で、京都の共産党が本当に府民に開かれて明るい組織にならなければいけないという意味があったと感じています。この事務所を建てたことは、京都の党一〇〇年の歩みに確信を持って、新たにがんばっていこうという気風の醸成と刺激にもなりました。京都の共産党が新たに頑張っていけるような展望や勇気を与えてもらったという受止めの方もいました。『京都府党一〇〇年のあゆみ』の本の表紙にも建物の絵を載せました。事務所建設は、一〇〇年を振り返る絶好の機会になりました。文化というか、党内的な空気をつくる力になったと思います。

青柳常任委員も言う。

事務所を建て替えることについて、僕らが思っている以上に、京都の共産党員だけじゃなくて全国の京都出身の共産党員の方々から、「自分たちの事務所を自分たちで支えていこう」という気持ちを感じました。しゅん工後、半年くらいは全国から見学に来て案内して、ということをその都度やりました。

以上、本節では、物的シンボルの観点から、建物の設計や室内のレイアウトが果たす役割を見てきた。証言内容を見て分かるとおり、政党においても建物や室内レイアウトが党員・政党職員に対して「場の空気感」を提供する役割が存在する。また、物理的にコミュニケーションしやすい室内環境へと変化することは、心理的変化と行動変化が期待できる。今後、各党の組織文化の観点（社会化の手段）で、建物の建て替え時に問われる課題である。その点でも京都府委員会の建て替えの取組は、事例研究を積み重ねて比較分析する必要があるにせよ、参照すべき先行事例である。

行政機関の庁舎建て替えと政党を比較するならば、先行する自治体では、「庁舎建て替えに伴うオフィス改革→職員の働き方改革（ABW型）→業務プロセス改革→デジタル化の推進→住民・企業へのサービス・生産性の向上」という一連のプロセスを意識している。自治体間で差がつく時代に突入している。他方、各政党組織は、組織文化の維持・変革と規範・連帯感による凝集性を高めるという目的について、党内外でのコミュニケーションの活性化、共有手段としてのデジタル媒体の利活用などの手段をどの程度意識しているだろうか。政党本位の時代であるからこそ長期的に見て、社会化の場として拠点となる全国各地の政党の建物からこうした諸点が問われる。

各政党組織内の財政面における力関係、すなわち中央・地方関係と議員・党員関係については、本書で議論できていない。しかし、通常、特に金額の大きい不動産支出については、トップ・マネジメントによる理解と決断によって影響されるだろう。組織が環境の認識を戦略的に更新するためには、第5章で扱うように党執行部が党内外をどのように認知しているかによっても左右されるのである。

2　政党機関紙によるエピソード伝達と人材育成（公明党機関紙委員会）

本節では、エピソードの観点から、公明党機関紙委員会を事例に、政党機関紙が果たす社会化の役割を扱う。政党組織内において、全国規模で日常的なエピソードを伝える媒体は、政党機関紙（政党新聞）がある。エピソードは、次の機能を果たす(10)。

エピソードには多くの場合、組織の創立者についての話や、ルール破り、貧乏から金持ちへと成功した話、労働力の減少、従業員の配置替え、過去のミスについての反応や組織の対応が含まれる。このようなエピソードは過去と現在をつなぎ、現在の行動についての説明を正当なものにしようとする。

とはいえ、政党機関紙は、エピソードを扱うにせよ、一般紙が持つ大衆性と、政党が固有に持つ機関紙性の両方の性格を有しており、いずれに力点を置くのかが問われ続ける。また、伝達手段としてもスマホなどのデジタル化時代の今日、政党機関紙はオールド媒体となりつつある。各党の政党機関紙の発行頻度は、日刊から週刊、月刊、隔月、そして年四回まで相当幅があり、力の注ぎ方に差がある。日刊体制となっているのは、公明新聞（公明党）としんぶん赤旗（日本共産党）のみである。本節では、公明新聞を発行する公明党の吉本正史機関紙委員長に話を聞いた(11)。現代にも残された政党機関紙の役割や機能とは何か。

「党の基盤づくりに役割は大きかった」

はじめに、公明新聞が果たしてきた役割や機能について、吉本委員長が答える。

機関紙ですので、党勢の拡大、党内の情報共有の役割が当然あります。それから役割で大きいのは、党の財政基盤になっていることです。党財政の大きな柱は、党員の党費と公明新聞の購読料です。公明新聞は、公明党とともに歩んできましたから、表裏一体です。もともと、公明新聞は、公明党の前身である公明政治連盟（公政連）が一九六一年一月に結成され、その約半年後の六二年四月、公政連の機関紙として創刊されました。当初、月二回刊の二ページ建てでした。公政連ができた時点で既に参院議員九人を含む三〇〇人近い議員がおり、六三年春の統一地方選で地方議員は一〇〇〇人を超えました。地方議会で第三会派になっています。公明新聞は、その当時から機関紙の役割を果たしてきました。例えば私がよく知っている人は、五九年の統一地方選挙で市会議員になり、一期やって六三年四月に公政連から出て県会議員、最終的に六九年に公明党の衆院議員になっています。政治は素人でした。彼がしみじみ言っていたのは、「ど素人の人間が政治の世界に入って、最初は右も左も分からず、どっちの方向に進めばいいのか困った」と。公政連は政治団体で、基本政策や基本要綱もありましたが、伝達手段が十分でなく、なかなか浸透に手間どったようです。六二年九月、公政連の第一回全国大会で、党創立者である創価学会の池田大作第三代会長（当時）が出席され、「大衆とともに」の指針や「団結第一」、「自己研さん」など議員の在り方について話をされた。それが淵源となり、公明党の立党精神になっています。そうした重要な話の共有も急がれました。

先述の彼が言っていましたが、「貪るように公明新聞を読んだ」と。そこには公政連の理念や政策とかが書かれ、参院議員の国会での活動など、国政のことも書かれていました。さらに、地方議会の模様も書かれており、どこそこの議会ではこういうことをやっていたというのが参考になり、「それがすごく自分の議会質問に役に立った」と言っていました。公政連の機関紙としての役割を果たしていく中で、六二年一〇月に公明新聞は週刊六ページ建てになり、併せてそのときから月刊『公明』の前身である雑誌も刊行しました。公明党が結党されるまでの公政連時代の約三年間、組織が全国に拡大し、議員の質も高まっていった。これは公明新聞という媒介がなければできなかったと思います。

六四年一一月に公明党が結党され、六五年六月には公明新聞は日刊化しました。それまでは、党内における理念や政策の共有という役割が中心でしたが、日刊化して、そこから一歩外に向かって、国民に対して公明党というのはどういう政党なのかを発信していく、そういう役割が大きくなっていきました。公明党は六七年一月の総選挙で衆議院に初進出し、一躍二五人が当選しました。結党して二年二カ月で衆参両院に議席を持つ政党となりました。公政連ができてから僅か五年間なんです。この五年間は、公明党の基礎の時期であり、その基盤づくりに公明新聞が果たした役割は大きかったと思います。以来、公明新聞は、党の機関紙として、党の前進にとって必要不可欠なもの、そして党と一体のものとして位置づけられてきたと思います。

ここで重要なのは、結党期において、党の発展や一体性確保の面で政党機関紙が少なくない役割を果たしたと当事者らが認知している点である。党創立期に全国的な伝達手段の課題に直面したからこそ（このとき既に一定の地方議員数が存在）、政党機関紙が情報共有媒体の地位を確立し、結果として議員教育でも役割を果たしていた。

与党唯一の日刊紙としての説明責任

公明新聞の今日的役割は、大きく次の五つに整理できるという。

一つ目は、党のこと、真実を内外に伝えることが大きいです。一般紙は、どうしても大政党、政局中心になりますから、なかなか公明党の報道が少ない。その中で、党に関する正確な情報を報じていくことに、公明新聞の役割はありますし、それが党勢拡大や選挙での力強いバネになっています。

二つ目は、党の運動を支えること。公明党は「ネットワーク政党」と言っていますが、公明新聞を通して党の政策方針や主張、活動などを党全体で共有することができ、国会議員と地方議員、党員のネットワークを機能させることができます。こうした党の骨格、神経みたいな機能は、本来の機関紙の役割であると思います。

一方で、党を守るという側面もあります。どうしても政党ですから、攻撃といいますか、中傷・批判がつきものです。党への真っ当な批判は謙虚に受け止めますが、理不尽な批判、攻撃、一方的な中傷などに対しては断固反論します。

三つ目は、社会の課題を報じ、政治を動かす役割です。一つの地域の問題であっても、公明新聞で全国に報じ、それを国会や他の地方議会で公明党議員が取り上げ、政治テーマとして具体的な取り組みにつながったケースは少なくありません。児童手当などの福祉の充実はその例です。

さらに「調査なくして発言なし」、「現場主義」は公明党のモットーですが、とりわけ国会議員、地方議員が一体となって取り組む「総点検」、「実態調査」は公明党の政治スタイルの代名詞となっています。在日米軍基地総点検がスタートでしたが、公害、物価、通学路など各地で調査活動を進めると、うちにもある、こっちにもあるということで広がっていく。公明新聞がそれを報じることで、国政を動かしてきました。その伝統は今も昔も変わりません。特に今、公明党は与党ですので、公明新聞で「こういう問題がありますよ」と書くだけでは駄目なんです。「じゃあ公明党はどうするのか」という責任が伴います。国会議員、地方議員は解決に向けて具体的に進めていくことにもなり、そうやって党の実績が作られてもいます。

四つ目に、社会、世の中の幅広い論調、なかんずく中道、良識派の論調を国民に提供していることです。劇作家の山崎正和さんが公明新聞について講演で、「社会欄や文化欄を飾る作家や評論家の顔ぶれは多彩で裾野が広く、かつ極端な右にも左にも与しない中道の人々です。そうした良識派の知識人が一つの政党機関紙の下に集まっているという事実。これほどの強みはないでしょう」との話をしてくださいました。たしかに公明新聞に登場される方は、中道、良識的な識者が多く、どういうふうにものを見れば良いのか、正視眼的な見方を展開しています。こうした社会全体の中道派、良識派の論調を国民に提供し、国民的なコンセンサスを作っていく役割も果たしていると思います。

最後に、与党唯一の日刊紙ということが挙げられます。公明新聞は、今の政府、与党の動きや考え方をストレートに毎日報道しています。諸問題について丁寧に報じますから、公明党が国民に対する説明責任を果たすことにもなっています。国民の理解がないまま政治を進めていくと、政治不信にもつながりますので、その意味で政権の信頼性を高めることにも役立っているのではないでしょうか。

ここで最も興味深いのは、国・地方の両領域において、政党機関紙が党内の日常的な情報やエピソードの共有媒体として認識され、実際に全国の政務調査活動でも活用されている実態である。公明新聞を活用する党内組織文化が醸成され、国政・地方政治の融合に一役担っている。これらが実現できた背景の一つは、新聞の発行頻度とページ数の充実であり、掲載可能な情報量の増加がある。

採用は推薦

つぎに、機関紙委員会内部の話に目を移し、人材に焦点を当てる。現場主義の意識を持つ公明党議員の人材育成は、結果として新人記者時代から始まっている。

現在、公明新聞全体でおおよそ何人在籍しているのか。

大体二〇〇人くらいです。九支局に五〇人くらいで、残りは全部本社です。本社は編集部局や製作部局、業務、広告、あとはシステム関係などです。

公明新聞の人員採用方法については。

どういった人を採用するかについては、党員であって、党の建設を希望する人です。採用方法は、職員とか、全国の県本部、支局からの推薦です。入社試験（筆記、論文及び面接）をやって選考し、大体最近は五人前後を新規採用しています。完全退職者を補充する形と言った方が良いかもしれません。

党の総務委員会職員の採用と一括して試験をやります。こちらから、「機関紙委員会はこういうことをやります、総務委員会の方はこういうことをやります。あなたはどっちがいいですか、受けるのは両方でもいいですよ」と説明し、本人の意向を聞いて、試験を受けていただいて、選んでいます。

新聞は、新卒採用がほとんどです。やっぱり記者の育成に時間がかかります。原稿が十分に書けるようになるまで、五～六年かかります。中途採用も何人かいますが、記者経験が少ないと苦労します。ただ、記者以外では、新聞製作を活版から政党機関紙として初めてＣＴＳ（Ｃｏｍｐｕｔｅｒｉｚｅｄ Ｔｙｐｅｓｅｔｔｉｎｇ Ｓｙｓｔｅｍ）に変えたときや、電子版化したときなど、デジタル人材が必要なので、経験者などを中途採用しました。

記者ほぼ全員が紙面を組める

新卒記者の場合、配置を含めた人事ローテーションは、次のようになっている。

新卒での入社後のキャリアパスは、基本的に、本社の社会部とか編成部で一～二年経験した後、全国の支局に配属されます。支局で二～三年を目途に本社に戻り、各部に配属される人がほとんどです。ただ、選挙にぶつかったときは、記者が候補者の担当になっている場合、異動の時期がずれます。

若手の記者ほぼ全員が紙面を組める技術を持っており、レイアウトだけでなく、組版機器も操作できます。本社で基本的な整理技術をマスターし、支局へ赴任します。支局でも紙面を組む機会がありますので、地域ごとの新聞が作れるからなにかと便利なんです。選挙の時など、支局で特定の地域向けの紙面を作成して特別報道することもできますので、結構、機動性を発揮できます。

党政調との人事交流

党本部との人事交流は、どのように行われているのか。

記者志望者を中心に採用しているため、余り事務方はやりたくないという人が多いかもしれません。以前は党政務調査会と交流人事をやっていました。政策が好きな記者もいますから、二～三年政調に行って、政策づくりや省庁とのやり取りなどを勉強して、また新聞に戻り、その経験を生かしていました。公明新聞から政調へ人が出ても、代わりの人が来るわけではないので、その間の新聞製作への負担が課題となって、今は交流していません。

ただ、党横断的なものには、新聞からも人を出しています。例えば幹事長が本部長の２０４０ビジョン検討委員会（二〇四〇年問題を扱う）です。取材はもとより、いろいろ意見を言うケースも多分にあるかと思います。党大会の議案作成などのケースもあります。また、部長クラスで党側に移ることは、これまでありました。政調の事務局長は、一時期、新聞から出ていました。

議会への候補者人材供給源の役割

公明党の場合、国会・地方議員の経歴を見ると、公明新聞出身者も一定数存在している。内情を聞いた。

公明新聞出身の国会議員は、現職で五人います（二〇二三年二月現在）。宮崎勝、竹内真二、窪田哲也の三人の参議院議員は、それぞれ編集局長、報道本部長、九州支局長をしていました。私の隣に座っていた編集局長が、比例区で当選し、突然いなくなっちゃいました（笑）。また、塩田博昭参議院議員は、うちの政治部記者をやって政調に移り、その事務局長のまま選挙に出ました。

これまでも公明新聞出身の国会議員は、結構多く、市川雄一元書記長をはじめ、太田昭宏元代表、井上義久元幹事長、田端正広、赤松正雄両衆院議員なども国政で活躍されました。地方議員も出身者はたくさんいます。新聞製作の側から言えば、長い期間をかけて記者を育てたのに、困っちゃう側面もあります（笑）。

党内議論の可視化

機関紙委員会は、中央幹事会と常任役員会の構成員にも組み込まれている。この意義をどう捉えているのか。

規約上、中央幹事会は党の議決機関、常任役員会は最高執行機関です。公明新聞からも人が出ています。これはとても大事なことです。両機関で扱う問題は、党の運動や選挙、重要政策課題など幅広い分野にわたり、議論して方針を決めていくわけです。公明新聞の役割は、党全体で情報を共有するため、正確に報道することですので、両機関での議論、決定のプロセスの場に公明新聞の参画は不可欠です。

一つの決定について、どういうニュアンスがあるのか、どういう意味があるのか、背景的なものまである程度理解しておかなければ、結論だけ見ても新聞には正確に書けません。これは、法律や重要政策にしてもそうです。ですので、両機関に入っている意義は、大きいです。

公明新聞での扱い方も協議したりします。内容によっては、党内議論の過程をオープンにすべきだということにもなります。大分昔の話になりますが、初めて自衛隊の海外派遣となるＰＫＯ（国連平和維持活動）への協力問題のとき、日本中が大荒れになって党内でも意見が割れました。あのとき、党幹部と相談して党内議論を詳しく報道しました。そうすると過程がよく分かるので、党中央、国会議員と読者の大事な橋渡し役になりました。

異なる様々な意見を含めて可視化することは、党内議論でどう意見が割れ、どのように統合していったのかという過程も含めて報じることにより、結果として党員の満足度も含め、政党の一体性を保つ上で重要な要素と考えられる。

中央幹事会と常任役員会において議論が行われるが、公明新聞と直接余り関係ないような議案でも公明新聞側が積極的に発言や質問しているのか。

当然、事柄によります。社会的な大きな課題については、公明新聞でどう報じるかということが党の考えにもなりますので、党幹部と共有しておかないといけません。会議には、例えば防衛だとか、原子力とか政策的に詳しい議員もいます。選挙は選挙対策委員長、国会のことは国会対策委員長がいますから、ある程度、大きな問題や影響力が大きなテーマについては、「新聞にはこのタイミングで、こういう形で扱いますよ」といった協議はします。また、他党と交渉中のことなどは、当事者の党幹部に話を聞かないと分からない部分がありますので、それを踏まえた上で書きます。

政党の一体性と組織文化

最後に、政党の一体性と組織文化の観点について扱う。公明新聞の編集・作成で、何か注力や工夫をしていることはあるのか。

党と一体性を維持していくため、代表、幹事長など党幹部との連携を大事にしています。また、政策では、部会長など政調の責任を持つ議員との連携も大切です。一方、新聞は、党と議員をある意味で一歩冷静に見られる立場でもあります。公明新聞が党の生命線、動脈、神経になっていくためには、「党を半歩リードしていく」ということを心がけないと、役割は果たせないと思います。それに、新聞が面白くなっていきません。ですから、それだけの見識や力量が持てるように、記者は努力が必要です。紙面展開する企画力も大事になりますので、社内でよく議論するよう努めています。党との一体性は維持していますが、党をある意味で叱咤激励する側面もあるかと思います。選挙に勝てばみんな喜びますが、「勝って兜の緒を締めよ」的な部分で警鐘を鳴らしますし、負けたときには励まさなければなりません。

公明新聞の組織文化とは、どのようなものなのか。

公明党は目の前の現状改革、一歩一歩の漸進主義です。理想は掲げつつ、いわゆるイデオロギー政党ではありません。その立場から公明新聞は、ものごとをイデオロギー的に見ることはせず、飽くまで事実に基づく報道、一般紙と同じで、現実直視がモットーです。「現場主義に徹して分かりやすく、深く、面白い新聞を作ろう」と心がけています。もう一つは、機関紙性という意味で、党の宣揚と、理不尽な中傷非難に対しては戦っていく。これは忘れないようにしています。また、「党の半歩先を歩もう」、これは読者の半歩先を歩むことでもあります。「ミネルヴァのフクロウは迫りくる黄昏に飛び立つ」という言葉がありますが、知恵は後からしか出てこないので難しいです。ですので、社内でよく議論して知恵を出し合っています。それに党の新聞が「官報」だとつまらないので、面白い新聞を作る努力はしています。生活、文化、芸能、スポーツなど様々な分野の紙面も掲載していますが、一番の根っこは人間、庶民の立場に立った機関紙づくりです。「庶民の喜びや悲しみとかを、読者とともに、共に歩む」という大衆性を心がけています。人に密着して作りますので、大衆性、「人間臭さ」というものに努力しています。

党側との組織文化の共通点や違いについては。

「大衆とともに」の立党精神の根っこが一緒です。一九六四年に公明党ができたこと自体、庶民の手に政治を取り戻すことがスタートでした。「五五年体制」といわれ、自民、社会両党が大企業や労働組合の代弁者と目された時代に、庶民が台頭してきた中で、庶民の手に、庶民に味方する政治を取り戻そうと生まれたのが公明党です。その「庶民・大衆の党」の精神というのは、今も立党精神として息づいており、議員も職員も堅持しています。その意味で党と公明新聞の文化は一緒だと思います。

以上、本節では、エピソードの観点から、政党機関紙が果たす社会化の役割を見てきた。政党機関紙は、党員・政党職員レベルの広い空間から漢方薬のように時間をかけつつ、理念や政策の共有、人材育成、候補者人材の供給源などで役割を果たす。また、党内議論の可視化の役割も見逃せなかった。オールド媒体であるにもかかわらず、現代においても一部の政党機関紙がこのような役割を持ち続けていられる理由は、党内の共有手段としての正統な地位を確立しており、全党的にそう認知されているからである。他の政党機関紙がこの段階に達するためには、第５章で言及するような党執行部の認知がやはり問われる。

（１）　スティーブン・Ｐ・ロビンス、前掲『組織行動のマネジメント　入門から実践へ〔新版〕』三八九頁。

（2）同上、三八五頁。
（3）同上、三八七–三八八頁。
（4）御厨貴『権力の館を歩く』毎日新聞社、二〇一〇年、一五頁。
（5）日本共産党京都府委員会『京都府党一〇〇年のあゆみ』日本共産党京都府委員会、二〇二三年、二一三頁。
（6）日本共産党京都府委員会　寺田茂副委員長と青柳創造常任委員へのインタビュー（二〇二三年五月一九日）。以下、特別な断りがない限り、同じものとする。
（7）日本共産党京都府委員会文書回答（二〇二一年六月二八日）。
（8）京都市では、高度地区、風致地区、地区計画による高さ規制と、京都市独自の条例で、眺望空間保全区域による高さ規制などを行っている。
京都市都市計画局「京の景観ガイドライン　建築物の高さ編」令和三年六月、八頁。
https://www.city.kyoto.lg.jp/tokei/cmsfiles/contents/0000281/281294/guideline_takasa.pdf
（9）京都建築事務所ＨＰ「日本共産党京都府委員会ビル」
http://www.kyoto-archi.co.jp/works/201904.html（二〇二三年五月二二日閲覧）。
（10）スティーブン・Ｐ・ロビンス、前掲『組織行動のマネジメント　入門から実践へ〔新版〕』三八六頁。
（11）公明党　吉本正史機関紙委員長へのインタビュー（二〇二三年二月一七日）。以下、特別な断りがない限り、同じものとする。

第5章　中小政党の党執行部による地方政治レベルからの認知

国会議員職に就くに当たり、その有力な候補者人材の供給源の一つとなっているのは、地方議員職である。すなわち、政党の一体性や党内組織文化（その維持や変革の手段としての候補者リクルートと候補者予備群・議員教育）の観点から見て、地方政治が起点となる。

明るい選挙推進協会（公明選挙連盟）『統一地方選挙全国意識調査』（『統一地方選挙の実態』、『統一地方選挙と有権者』）から、統一地方選における候補者の集票環境の変化についてまとめると、①現在の有権者の関心ある選挙は衆院選に偏り、市（町・村）議選と県（道・府）議選の関心が低い、②地縁組織と候補者との結びつきの希薄化が進行している、③後援会組織の衰退（加入している有権者の割合が低下）に加え、政党本位時代のはずなのに党員数が伸びず、候補者の集票が厳しい状況にあるといった特徴が浮かぶ。

他方、同じ資料から統一地方選における有権者の投票行動の変化をごく簡潔にまとめると、候補者情報の不足（特に「県（道・府）議会議員選挙」）に直面しており、投票する人を決めた時期も「選挙期間に入る前から」が長期的に低下している。すなわち、限られた情報と短い期間で、投票先を決断する必要に迫られる。有権者は、こうした状況下で、「候補者や政党（確認団体）のビラ」と「選挙公報」の媒体を手がかりとすることも増え、「候補者個人」よりも「政党」重視の者が増加していた。

以上のように、政党のラベル、役割・機能、及び組織としての実質化が地方政治レベルからも強く求められるに至っている。また、経営組織論の視点においても、「環境の変化が組織に与える影響が大きくなるにつれて、環境との適合を方向づけるものとしての戦略が、重要視されるようになって」きている[1]。「戦略の立案から実行がトップダウンのみで一方的に進んでいくのではなく、現場で生まれたアイディアや知識を戦略に反映し、戦略をリニューアルできることの重要性が、増大している」[2]。それゆえ、政党組織内において、国政・地方政治をリンケージさせて考えることの重要性がより浮き彫りとなる。

本章では、当事者たる党執行部の議員自身が政治の現場でどう肌に感じ、何を課題や問題点として認知しているのかも含めて話を聞く。その対象は序章で紹介した重要性を増した中小政党であり、国民民主党、社民党及び公明党から直接話を聞くことができた。三者三様の認知が開陳されるが、共通点も見えてくる。組織は、環境の認識で選択的だが、その更新も必要である。「政治家自身、地方政治レベルから党内コミュニケーションや選挙制度について、どのように認知しているのか」を問うことは、国政・地方政治をまたがる党内組織文化の維持・変革を知る上で重要な視点である。認知なくして行動（トップリーダーや集団による優越連合のマネジメント）なしである。

1　政権が直面した地方議会での政策執行の壁（国民民主党・古川元久国会対策委員長）

候補者を供給する側である政党組織は、地方政治をどう認知しているのか。本節では、国民民主党の古川元久国会対策委員長に話を聞いた[3]。

国会議員・地方議員の党内コミュニケーション

前提として党内コミュニケーションの状況を確認しておきたい。国民民主党内の国会議員と地方議員間のコミュニケーションは、どのように行われるのか。古川国対委員長は答える。

前は直接会ってということでしたが、今はオンラインでやりますので便利になりました。党の地方議員数は少ないですが、地域の声を聞いていこうということは意識していますし、地域の声を聞きやすくなったと思います。コロナ禍を経て、オンラインが進展したからこそ、実現したことだと思っています。国政選挙と統一地方選挙での選挙公約作成のプロセスについては、国政選挙の場合、中央でたたき台を作成し、都道府県連に示すという形です。地方選挙の場合は、それぞれの地域で自律的にやり、まとめていきます。国政と地方とでは、やり方が全然違います。

国政選挙と地方議会選挙の関係

国会議員の視点から見て、国政選挙と地方議会選挙の関係をどう認知しているのか。

国政選挙と地方議会選挙は、車の両輪のような関係です。国政選挙で勝っても地方選挙で負ければ、なかなか上手くいきません。自民党の強さは、地方議会にとても根を張っていることです。民主党政権時代に上手くいかなかった理由の一つは、自民党が圧倒的に地方で強かったこと。本来であれば、もっと地方から感謝されても良かったような「地方向け補助金の一括交付金化」についても地方できちんと伝えてくれる、受け皿になってくれる仲間が地方議会で少なかった。各省庁の反対が極めて強い中で、一定程度実現したにもかかわらず、地方議会の方でそれを評価してくれる議員の数が少なかったために、地方で評価されるべき政策が余り評価されませんでした。選挙制度は、国政が小選挙区制で、地方が中・大選挙区制ですので、ズレもあります。国政と地方の両方が上手くかみ合っていかない、とは感じます。

国・地方の政治（選挙制度が異なる）をマルチレベルで見たとき、たとえ国政で政権交代を実現しても、選挙制度や選挙時期、候補者の集票環境、有権者の投票行動などの違いにより、地方議会で多数を占める党派や会派とねじれが生じるため、行財政の中央・地方関係で難しい局面に立たされるおそれもある。国政の政策の主張を地方でも行う場合、そもそも地方議会に国政多数党派の議員が少なければ、質問時間も限られる。地方議会の場で、議論を通じて積極的にアジェンダ設定を試みることには、大きな制約がある。

地域政党の在り方と党の看板で当選した地方議員について

つぎに、地方議会選挙で「政党を重くみて」投票する有権者が増加する中で、政党は地方議会選挙で有権者に対してどう向き合うべきか。

私個人の考えは、本来、地方選挙はその地域の課題について議論を交わしてやるべきだと考えています。しかし、地方選挙でも国政の話題が出て、有権者が国政政党で選んでしまう傾向があり、地域の課題についてほとんど議論が交わされず、その時々の国政の趨勢で結果が決まってしまうことがしばしばあります。私はこれが政治が自分たちの身近なものに感じられない一因にもなっている気がします。

大阪維新の会が強いのは、地域に特化した課題を取り上げてきたからだと思います。政党はもっと地域の課題に足元を置いた活動が大事だと思います。私の地元の愛知県では、地方議員の集まりである「新政あいち」があり、その中には立憲民主党や無所属の地方議員もいます。私は国政政党と地域政党に分かれていて良いのではないか、と思います。国と地方は、タテの連携ではなく、役割が違うのでヨコの連携が本来あるべきです。国政政党レベルでは、憲法や外交・防衛政策など国政の領域で意見が分かれていても、これら政策は地方政治の領域ではありません。地域の政策については、国政政党とは違う形で集まる地域政党があっていいはずです。

国民民主党と都民ファーストとの共通政策（二〇二二年二月）は、一つの新しい在り方を示したと考えています。国政政党と地域政党が特定の分野で協力し、選挙を戦うというのは、これからの在り方の一つの例ではないかと思っています。政治が日々の生活に直結していると実感するためには、地方の政治に関心を持ってもらった方が良いです。

補足すると、国民民主党とファーストの会及び都民ファーストの会は、二〇二二年二月二八日、「コロナ対策」と「５つの分野」の共通政策を発表した。[4] 二〇二二年参院選では、相互推薦による選挙協力も行った。[5] 出自の異なる国政政党と地方政党がマルチレベルにおいて、パーシャル連合のモデルの在り方を提示した。

候補者の情報不足については、有権者が候補者を知らないから、党で選ぶしか選択肢がないということだと思います。有権者が党の名前で選ぶとなると、そのときに風が吹いている党を選ぶ。候補者が党の名前で地方議会選挙に当選してしまうと、日ごろの地域の活動が疎かになってしまい、政治不信につながってしまう悪循環があるように感じます。

地方議会選挙制度の問題点

地方議会選挙制度について、政治家自身、現行制度の何が問題であると認知しているのか。

地方の政治システム自体は、どこも議会があって首長があってというやり方でいいのか、人口減少の時代の中で根本にかかわってくることではないかと考えています。いわゆるシティーマネージャーみたいな仕組みも良いかもしれませんし、場合によっては議院内閣制のような仕組みも考えられます。地方の統治機構の在り方自体が、画一的に、全ての市町村に議会と首長があってという二元システムは、今の時代、今後ますます人口が減少する時代に合っているのか問われていると思います。田舎に行けばいくほど、なり手不足の問題もあります。地方議会の選挙制度以前に、統治機構や議員の在り方など、地方政治の在り方が問われています。選挙制度もそういう中で考えていくべき問題だと考えています。それこそ、これからのオンラインの時代になったら、直接民主制のように、全員参加での議論をしても良いとも感じます。

法改正の行方

最後に、地方議会選挙制度の法改正について、国民民主党として動きはあるのか。

憲法調査会では、統治機構について、国もそうですけれども地方も含めて議論します。そういう中で見直しの議論が出てくれば、選挙制度も変わらなければならないと考えます。ただ、具体的なところまではいっていません。また、我々は、地方に限らず、被選挙権の年齢引下げを主張しています。供託金についてもなるべく選挙に立候補しやすいよう、引下げを考えていかなければなりません。なるべく若い世代が、多くの人が立候補しやすいよう環境を作っていく必要があります。一番の問題は、なり手不足です。本来、「地方自治は民主主義の学校」にふさわしいよう、多くの人が地方議会に関心を持ってもらう必要があります。そのために、どういう形の選挙制度にするかが大事になってきます。

2 社会党時代からの「財産」とボトムアップ型の政党組織への変化（社会民主党・福島瑞穂党首）

本節では、社民党の福島瑞穂党首から話を聞く。(6) その理由は、旧社会党時代や戦前三つの無産政党の流れ（日本無産党系、日本労農党系及び社会民衆党系）の脈絡があり、社民党が長く日本政治の歴史とともに歩んできたからにほかならないからである。

都道府県議会議員選挙

現行の都道府県議会の選挙制度について、社民党はどう認知しているのか。福島党首は次のように答える。

都道府県議会は市区町村の区域を単位とする選挙区が設置されているため、多様な民意を反映しづらくなっています。二〇一九年統一選挙では、道府県議選挙での無投票当選者が全体の四割程度を占めるなど、選挙自体が成立しなくなっているのが現状です。

広域の自治体として、市町村の支援や補完、連絡調整などより幅の広い広域的な役割が求められていることを踏まえ、また二元代表制を補完する意味からも選挙区を広域化して定数を増やすことが好ましいです。比例代表選挙の導入も検討すべきです。道府県の権限の多くが移譲されている指定都市の議会、他の区域の自治体、道府県の議会など指定都市を含む道府県については、議員の選出方法や権限・制度の在り方について調整する必要があると考えます。

県議選は、無投票がものすごく多くなっています。最大の問題は、基礎自治体に比べて、得票数が多くないと当選できない点です。現職が強くなり、選挙区に現職が一～三人いる中で新人が入り込むことは困難です。小さな自治体では、新人が「変えよう」と思って周りに頼んで、あるいは女性とか特色を出して当選するということはあると思います。県議会議員となるとそうはいかず、何千、場合によっては何万票が必要になります。組織を持たない人や新人はとても難しいです。自民党と一騎打ちで一人しか当選しない選挙区もあるので、正直、擁立が困難なところがあります。例えば女性議員を増やすために出てくださいと言うときに、容易に出馬して当選するという状況ではありません。選挙区でガチガチに地盤ができているところに、食い込むことが難しい点が課題です。新人や女性が入りにくい現状を変えたいと思います。中選挙区に近い形に変えるという点もあるかと思います。

一～三人区での県議選新人当選の難しさ、及び一人区での候補者擁立の困難性が率直に語られる。

市町村議会議員選挙

市町村議会選挙についてはどうか。

市議会選挙は何十名も当選する制度です。新人、若い人、女性、ＬＧＢＴ、マイノリティなど、大きな組織や票田のない方も当選する可能性があります。政治に関心のある有権者以外には、どの候補者がどういう考え方で何をやろうとしているのか、分かりにくいという問題もありますが、基礎自治体の選挙には新人が出やすいのは事実です。社民党は社民党で出馬しますが、自民党の党籍がある人は無所属で出馬される方、掲示板を見ると所属が書いてない方が多いです。党名がないと、候補者の考え方が分かりにくい面はあると思います。そのため、有権者にとっては、国政選挙の方が身近になってしまいます。国政選挙では政党同士が政策で争っていることを前提に投票行動ができますが、地方議会選挙だと党名や政策が分からないからです。

福島党首はさらに踏み込む。

現行の市町村議会議員の選挙は（指定都市を除いて）、原則として自治体の区域全域を対象に実施されています。都道府県議会が小定数で切り分けてしまうことによって小さな民意を拾いきれなくなっているのとは逆に、全区域から単一の制度で選出することで、多様な実態の地域の事情が拾えなくなっている面があるのではないかと思います。現行制度下でも条例によって選挙区設置などが可能であり、幅広い民意を、より多様な取組を期待したいです。また、市町村議会議員の選挙は個人本位の関係（地縁）を中心とした制度となっており、専門性の確保や、具体的な政策選択になりづらい面もあります。多数の候補者の中から有権者が支持する候補者を公平に探すには多大なコストが必要となるため、選挙への関心が薄くなり、投票率も低くなっているのが現状です。特に小規模自治体では、議員の待遇が十分とは言えないため（町村議会議員の報酬の月額全国平均は二一万円程度）、議員専業者は四二％程度しかいません。慢性的になり手不足です（二〇一九年の町村議会選挙では二三％にあたる九八八人が無投票であり、定員割れの自治体も増えている）。

実効的な代表選択を可能とするために選挙は重要で、議員のなり手の確保が大前提です。現在の自治体議員の待遇の改善（報酬や年金制度の見直し、兼職禁止規定の在り方）に加え、新たなり手を確保するため、勤労者の立候補休職制度整備、会期の在り方見直し、夜間・休日の議会開催なども検討課題とすべきです。

選挙制度の見直しも必要です。少子高齢化が進む地域社会の最前線である自治体議員の選び方は、多様な民意を幅広く公平に集約するために、より柔軟に見直す必要があるのではないでしょうか。大規模自治体では比例代表制度を導入する、中小規模自治体では制限連記制や選挙区の設置、小規模自治体では議会の権限を精査した上でくじ引きの導入なども検討課題となるのではないでしょうか。

政党政治的に動く地方議員たち

選挙区定数が大きい市町村議選では、新人が立候補しやすい反面、有権者が投票先を判断するのに参照すべき候補者情報が多過ぎる問題（情報コストの問題）がある。この問題についてはどうだろうか。

県議選でも市議選でも、有権者が候補者個人と触れ合う機会が少ないです。政党中心へと変化するのは、当たり前だと思います。盆踊り大会に来たとか、焼きそばを食べたといった話よりも、どういう政党、どういう主張なのかを知りたいというのは、有権者にとっては当然です。しかし、それがポスターや公報では分かりにくい、党名が分からないという現状になっていますよね。私自身、地方自治は国会とは違うと思っていますが、自治体議員に聞くと、各地方議会の決議案や意見書をどうするかといったときに、党の方針を照会することがあります。実際は政党政治的に動くことも大いにあるのに、選挙で選ぶときには分かりにくいというのはあると思います。

女性がゼロ、一人というのは四五％なんです。県議会にしても女性が出るのがとても難しく、大きな組織、大きな票田に支えられなければ出にくいです。市町村議会選挙では事実上、町内会で推薦をするという話も聞きます。町内会の代表になっている女性は極めて少ないですから、無所属で出馬しようとしても排除されるという。これも女性が出馬するのを難しくしています。政治は女性に向いていると思います。とりわけ基礎自治体だと、福祉や子育て、介護、街づくり、障がい者政策、ゴミ問題など、市民運動・社会運動が範囲とする関心ごとが政策分野です。女性が出にくい状況は変えたいですよね。パワハラ、セクハラの問題については、地方議会の方が激しいように思われます。国会の場合はメディアの目もあり、本会議・委員会もテレビ放送、オンライン中継などすぐに可視化されます。地方議会だと、可視化されにくく、閉ざされたところもあります。

被選挙権の年齢引き下げもありだとは思います。一生議員ではなく、元気で若いうちに市民運動の延長線で議員になっても良いと思います。自分の周りに一八歳の議員がいれば、若者も政治に関心を持つのではないでしょうか。

都道府県議会議員選挙制度、市町村議会議員選挙制度の法改正について、党として動きはあるのか。福島党首によると、「制度の在り方についての検討はありますが、具体的な法改正自体については検討していません。自治体議員の選挙制度については、当事者も含めた地方組織において中心的に議論をしていただきたいと考えています」とのことだった。

党内コミュニケーションと選挙公約作成プロセス

現在の社民党は、国会議員（二人）と比べて地方議員数が多い。党内コミュニケーションはどうなっているのか。

プロジェクトチーム（「いのちと暮らしと労働のプロジェクトチーム」）をつくっており、会議をZｏｏｍでやります。パンフレットを作成したり、医療や介護などいろいろなことをやっています。コロナ禍になって、インターネット番組をやるようになったり、Ｚｏｏｍで介護についての意見交換やヒアリングをやるようになったので、もしかしたら前よりも活発になったかもしれません。

政党にとって選挙は一大イベントである。国政選挙と統一地方選挙では、選挙公約の作成プロセスに違いがあるのか。

作成プロセスには大きな違いはありませんが、検討対象は異なります。自治体議員や地方組織の意見などを重視しながら作成に取り組みます。国政選挙では支援者と一緒に作るということもあります。社民党では、いろんな活動をやっている人たちと一緒に作っていこうと思っています。大きな組織が無くなってしまった分、市民の人たち、組合、ユニオンの方々に支えられ、そこで政策を作っていきます。「みずほ塾」をやっていますが、若い女性の方などが政治を変えようという思いがでてきていると思います。

今回の参院選（二〇二二年）では、組織票というよりも、気候危機、反原発、ＬＧＢＴ、ジェンダー平等、憲法九条改悪、平和のことなどで、けっこう若い方が応援してくださいました。若い女性の方たちが街頭に来たり、マイクを握ってくれたり、組織票というよりも、そういう方々が本当に応援してくれました。組織が無くなった宮城や山形でも票数を得ていますから、様々な人が投票してくださったかもしれません。

社民党はボトムアップの政党ですが、一人でも多く自治体議員がつくれるよう、がんばっていきたいと思います。

地方選挙の機会が多いことは、党内でのコミュニケーションの契機にもなる。

沖縄の基地問題と連立政権

沖縄県での社民党都道府県別比例得票率（二〇二二年参院選）は、一〇・九九％と党内で最も高い値である（二位は大分県の五・八三％）[7]。沖縄県には、基地問題という特有のアジェンダがある。社民党は、二〇二二年参院選でも選挙公約で基地問題を掲げた。なぜ沖縄県民から支持され続けているのか。福島党首は次の認識を示した。

沖縄県は、社民党員や議員がとても多いわけではありませんが、支持してくれる人が多いです。長い間の護憲、基地反対などの現場の運動が、信頼につながっているのではないかと思っています。連立政権時、辺野古の新基地建設に反対して二〇一〇年五月二八日に大臣罷免になりました。沖縄県民から見て、社民党は沖縄を裏切らないという信頼感が、社民党員だけでなくて一般の人にもすごくあるのではないかと思っています。もう一つ、社民党は沖縄県内で様々な人たちをまとめる要役として努力しています。そうした信頼感もあるように思えます。

政党の離合集散の功罪

党勢の拡大・回復については、どう考えているのか。例えば国政選挙と地方議会選挙の関係をどう認知しているのか。

「ニワトリかタマゴか」的な側面はありますが、国政と地方の運動、組織は切り離すことはできないと考えています。有権者との接点である自治体議員、党組織、党員集団なしで国政にあたるという発想には、違和感があります。社会党時代には社会党「中央本部」でしたが、社民党になった時に社会民主党「全国連合」にかわりました。各都道府県連合が主役で社民党はその連合体、全国連合は各都道府県連合の連絡調整をする役割という立て付けです。国政のために地方組織があるのではなく、有権者や有権者と直接につながる地方組織があり、それを集約するのが社民党の国政選挙であり、国政政策です。

全国の地方議員らの緩やかな連合体という印象を受ける。福島党首は続ける。

私が社民党を残したい理由は、「答えは現場にある。現場で闘う人々と共に政治を変えてゆく」と考えるからです。全国連合が命令するというよりも、ボトムアップで議論をしていきます。政党とは何かと問われたら、党員のものであり、党を支援したり支持してくれたりする人のものであると思います。憲法の問題、労働問題、反原発運動、反基地運動など、全国津々浦々の様々な地域運動、市民運動をやってきたのは社会党、社民党です。例えば新潟に行くと、巻原発反対の団結小屋があり、社会党の人たちや市民が頑張りました。私もほぼ日本全国の原発立地の現場へ行きました。新しく政党ができると、国会議員の政党であって、国会議員が異動すると支援者も異動する、離合集散が起きるように思えます。社民党の場合は、国会議員のための政党でなく、間違いなく党員、党を支援・支持してくれる人たちの政党です。社民党が無くなると、全国津々浦々の長い地道な運動が潰えてしまいます。古くなっている面もあるかもしれませんが、それは貴重だと思っています。反原発運動や労働運動も何十年という歴史があります。そういう思いを引き継いで、各地域を豊かにやっていくということであれば、自治体議員や地元の運動がとても重要だと思っています。国会議員中心の政党で離合集散が続けば、地域の様々な運動と切れてしまいます。民主主義というのはボトムアップです。自治体議員は最も身近な党の顔です。社民党で出馬する人は、憲法、脱原発などはっきり思いがある人たちです。そういう人たちがもっと増えれば良いとは思っています。

国会議員中心で繰り返された野党の離合集散は、地域レベルからの党内組織文化の断絶が懸念される。他方、メリットも存在している。大胆な組織デザインの変更は、混乱もあるが、党内組織風土改革の契機となる。その際、新たなトップリーダーや優越連合の理念・哲学と、共有手段が問われる。

地方議会選挙で有権者とどう向き合うか

政党組織は、地方議会選挙で有権者に対してどう向き合うべきか。

自治体議員は、都道府県議会議員の四分の一、市区町村議会議員の八割近くが無所属で、現場に近づけば近づくほど、政党との関係が曖昧にされてきた面があります。政党や政策を重くみて投票する有権者が増加しているのであれば、肯定的に評価できます。一方、候補者との結びつきが無くなった結果として、政党・政策のみで選択せざるを得なくなっているという側面もあるかもしれません。政党組織は、地方議会選挙であれ、国政選挙であれ、有権者に対して誠実に向き合う努力をするしかありません。

都道府県議会議員選挙制度を比例代表制に改めるべきという主張もある。福島党首も「都道府県議会に期待される役割を踏まえれば、比例代表制の導入は有効な選択肢となり得ると考えます」と言う。その真意は、次のとおりである。

比例代表制がいいと考える理由は、政党がどういう考え方を持っているのか、という点が中心になる方がいいからです。北欧の比例代表がそうですが、マイノリティや女性が進出する場合、比例代表の方がいい。

体系的政策を出力する手段

現在、地方政治の執政制度は二元的代表制だが、議院内閣制にすべきだという主張もある。その場合、憲法第九三条（住民による首長の直接選挙も規定）の改正が必要になる。社民党は護憲の立場であるが、現在の地方政治の執政制度の在り方をどう考えているのか。最後に、福島党首は次の認識を示した。

自治体の政治制度に関しては、首長のリーダーシップを過度に強調するより、議会による監視や二元代表制を有効に生かして安定させることの方に意味があると考えます。議会が、個別的な影響力行使にとどまり、首長とのすみ分けに安住したり、逆に不毛な対立を続けるケースには、議会が体系的な政策を打ち出すような政党化（国政政党との系列化は必ずしも必要ではないが）を進めるのが有効ではないでしょうか。

国会は議院内閣制で仕方がない面もあり、大統領制になるとポピュリズムになりかねないと思っています。地方自治は二元政治で、知事も市長も行政のトップです。自分が責任を持って政策をやらないと、政策が回っていかない。知事や市長は直接住民から選ばれる方がいいんじゃないかと思っています。過度なリーダーシップは問題ですが、身近なところの民主主義で、国政にはできない先進的なことが自治体ではできる。例えば世田谷区の保坂展人区長は、様々な人から話を聞き、下北沢の街づくりはみんなでやるということで、コンセンサスを作っていきました。すごいと思います。

3　地方議会発の国政与党から見た地方政治（公明党・石井啓一幹事長）

本節では、公明党の石井啓一幹事長（当時）に話を聞く(8)。

地方議会選挙制度の問題点と課題

公明党は、地方議会の選挙制度の現状をどう認識しているのか。まず、都道府県議会について、石井幹事長は次のように語る。

私どもは、都道府県議会の中でも政令指定都市における選挙区の定数の多くが定数一、二になって、死票が多い現状があると理解しています。また、道府県と政令指定都市の「二重行政」の課題もあります。政令指定都市には、警察などを除くとほとんど道府県と同じ権限が与えられており、「二重行政」による弊害が生じているのではないかという指摘です。選挙制度のみならず、地方自治や都市制度そのものの議論が必要であるとの問題意識を持っています。

つぎに、市町村議会の選挙制度について。

一般市と町村会の地方議会選挙においては、国政ほどではないですが、投票率が徐々に低下しています。無投票当選の割合も増えており、議会や地方政治に対する住民の関心が低下していると言えます。人口減少と高齢化とも相まって、議員のなり手不足も深刻化しています。

社会状況の変化により、自治体の課題は複雑化しており、自治体や議会の政策手腕によって暮らしやすさに違いが出てきています。地方自治の議会の重要性は非常に増しており、議員に求められる資質がかつてより高くなっているのに、地方議会への関心が低いのが大きな課題だと思います。また、議員に占める若者や女性の割合が諸外国に比べて低い割合にとどまっていることも深刻な課題です。地域を活性化させる上で、若者や女性の政治参加は重要です。仕事や家事、育児と両立など、若者や女性が実際に立候補し、議員活動をしやすい環境の整備という点で、日本社会にはまだまだ課題が多いと思います。

地方議員のなり手不足に打開策はあるか

では、地方自治体で議員の重要性が増している（地方分権改革の影響）のと裏腹に、有権者の関心が高まらず、議員のなり手不足の現状を打開する手立てはあるのか。

地方議員のなり手不足の理由として、議員に高い能力が求められるにもかかわらず、職業としての「魅力」が少ないことが挙げられます。魅力の一つに報酬がありますが、報酬は低いのが現実です。特に小さな自治体では、議員報酬だけではとても生活できないケースもあり、職業として選択しづらくなっています。他方、地方議員には「兼業」が許されていますが、年四回の定例会に加え、地域の様々な行事参加など議会以外の公務も多い。サラリーマンではなかなかできず、おのずから自営業者やオーナー、退職者に偏りがちになります。これも大きな課題です。打開する方策として、一部の自治体で実施されている休日・夜間の議会開催、英国のような本会議や委員会の定例化、すなわち開会期間をはっきりさせることで、兼業の仕事の段取りがつきやすくするという方法などがあります。仕事や家事、育児と両立できるような制度改革について、議論していく必要があると考えています。

実際、地方議員は忙しい。第1章第2節で登場した公明党の中嶋義雄東京都議は、「地方議員は地方議会の年四回の定例会以外に委員会や審議会が数多くあり、公明党議員は市民相談や視察などが数多くあります」と語っていた。また、都道府県議会議員の場合、遠方から議会へ出向くケースもあり、移動に時間がかかる（東京都は島嶼部選出の都議もいる）。どうしても専業の色彩が濃くなりがちだ。

議員職特有の選挙というリスクだけでなく、報酬についても課題が山積だ。市区議会議員は月額一八万円（北海道夕張市）～九五万三〇〇〇円（横浜市）と差が大きく、[9] 人口一〇〇〇人以下の自治体の議員は月額一五万円余りである。[10] 議員専業は、財政力が厳しい自治体では不可能であろう。

以上、優秀な人材が議会に出にくいのが地方の実情である。間接民主制である以上、政党には国民・社会と議会とをつなぐリンケージの役割（例、選挙で「出したい人」を出す）もあるが、石井幹事長も「わが党も議員になったら専業を求めていますが、特に三〇代～五〇代くらいの世代（自身の子育てや教育がある）では、それぞれに苦労を重ねながら議員活動に取り組んでいただいています」と正直に打ち明ける。

比例代表制と二元代表制について

ところで、都道府県議会議員選挙制度を比例代表制に改めるべきという主張について、公明党はどう考えているのか。

県単位での比例代表制については、決して頭から否定するものではないのですが、課題があると思います。選挙区が広くなりますが、現行の選挙費用、選挙手段は市町村単位ですので、十分に各政党、候補者の訴えを浸透させることが難しくなると思います。また、国政と異なって無所属も多いです。比例となると、無所属をどこかの政党へ囲い込むことになります。政党の比例代表制が上手く馴染むかどうか、民意を反映させるという比例代表の利点が十分に生かしきれるかどうか、課題があると思います。私どもは、基本的に今の選挙制度を支持しています。

地方政治の執政制度は二元的代表制であるが、国会のように議院内閣制にすべきだという主張もある。その場合、憲法第九三条（住民による首長の直接選挙も規定）の改正が必要となる。公明党は加憲の立場だが、現在の地方政治の執政制度の在り方についてどう考えているのか。

地方自治には、団体自治と住民自治がありますが、住民自治は地域の行政に自分たちの意思を反映させるということです。憲法で地方自治を二元代表制にしているのは、住民自治の原則を具体化するために、首長も、その首長を監視する役割を担う議員も、ともに住民の直接選挙で選ぶということが主眼にあるかと思います。その意味で二元代表制というのは、いまの地方自治に馴染む制度であると考えており、九三条改正は必要とは考えていません。

公明党の選挙戦略

公明党では年によって候補者擁立の仕方も変化している。自民党候補者に対して推薦・支持を出す際、選挙区定数は関係しているのか。また、単純に公明党の公認候補者がいるか否か、「人物本位」などで判断しているのか。

公明党の公認候補がいる選挙区で他党を推薦することは、基本的にはありません。そのほかは、特段決まりというのはありません。ケースバイケースで、対応は選挙区によって異なります。推薦を出すか出さないかについては、基本的に県本部の判断を経て、党本部に上がってきます。まずは地元の自民党県連と公明党県本部同士の話し合いで、自民党側から依頼があったところについて、地域の情勢に応じて判断していきます。自民党側からの依頼が前提になります。

国政の自公連立の枠組みが、都道府県議会レベルの自民党においても浸透している様子がうかがえる。ただ、都道府県議会議員選挙では、二人区以上の複数人区で複数の自民党候補者がいるケースも往々にしてある。公明党は、自民党候補者全員（又は複数人）に推薦・支持を出すケースがよくある。この場合、公明党からの推薦・支持がある自民党候補者に対する投票は、公明党内で事前に「票割り」を行うのか、それとも自由投票にしているのか。

これもケースバイケースなんですよ。自民党から複数が出ている場合は、それぞれの候補者の地盤がありますから、おのずから決まってくることもあります。一律の基準はありません。

国政選挙や地方選挙での「完勝主義」が公明党の特徴である。公明党が首長選挙（定数一）で公認候補を擁立しないのは、この完勝主義と関係があるのではという見方が政治学者の一部にはある。実際どうなのか。

完勝主義というよりも、前身の公明政治連盟時代以来、地方議会からスタートしている政党の歴史があります。地方議会の役割を特に重視しているということで、首長よりも地方議員の方に重きを置いています。市政、県政のチェック機能を果たし、住民の声を反映させていくプロセスに、住民との距離感が近く、現場主義を貫いてきた公明党の真価が発揮されると考えているからです。実際、住民の声を幅広く受け止めていくためには、地域全体を代表する首長よりも、議員の方がその役割が大きいと思います。ただ、これについても決まりがあるわけではありません。将来的に候補者を出すこともあり得るかもしれませんが、積極的に出そうという動きは今のところありません。

党内における中央・地方の関係

党内における中央・地方関係についても聞いた。国政選挙と統一地方選挙では、公約作成プロセスに違いはあるのか。

違いはあります。国政選挙では、党本部の政務調査会を中心に議論を重ね、リードします。党員・支持者、地方組織の意見を踏まえて調整も行います。

統一地方選挙の場合、それぞれの地域の課題やニーズが自治体によって変わってきますから、そこで掲げる中心的な公約も様々です。地域ベースでボトムアップで作っていきます。国と地方が連携してやろうという政策については、党本部がリードしてやることはありますが、多くはそれぞれの自治体ごとです。中央・地方間の打合せの頻度は、統一地方選挙の公約作成過程では、国政の時ほど頻繁ではありません。自治体独自の状況に基づく政策がメインで、そこに党本部から国全体としての政治課題を踏まえた政策意図をプラスする形で作り上げています。

コロナ禍を契機に、日本社会全体でデジタルＤＸ化が大きく進展した。地方組織とのコミュニケーションで変化が生じたのか。

わが党は、四七都道府県の県代表を集めた全国県代表協議会を年に数回開催していますが、コロナ禍でオンラインでも開催するようになりました。私は党のコロナ対策の中心者でしたが、コロナ対策は時々刻々、状況や課題が変化します。オンラインを活用し、地方議員との連携をかなり密に、より機動的に行うことができました。ワクチン接種は、それぞれの自治体ごとに接種体制を構築しますが、当初、国からの情報が行き届かなかったり、地方からの様々な要望が国に届かなかったりしました。党のオンライン会議の中で、現場の皆様に説明をし、また現場からの声を受け止めて国へフィードバックしていくということをしました。オンラインの活用で、わが党の強みである国会議員と地方議員のネットワーク力を一層生かすことができるようになったと感じています。

コロナ禍前はオンラインで会議を行う発想自体がありませんでしたが、これからは党内の様々な場面で、ハイブリッドで進めていくことになると思います。例えば今まで文書のみで発信していたのが、それにあわせてオンラインで説明、やり取りしながら進めると理解や意思疎通もスムーズに進みます。

党勢の拡大・回復方法について、国政選挙（国会議員数）と地方議会選挙（地方議員数）の関係をどう認識しているのか。

国政選挙となると、選挙の一番の実働を担っていただけるのが地方議員の方々です。地方議員が一定数いることは、国政選挙でとてもメリットになります。ただ、近年の選挙を見ていると、地方議員が多ければ選挙に勝つかと問われれば、必ずしもそうではありません。国政選挙となると、特に政権選択選挙である衆院選などでは、そのときの争点、内閣支持率に影響されるところもあります。

地方選挙で政党は有権者とどう向き合うか

最後に、政党は地方選挙で有権者にどう向き合うべきか。

地方議会選挙でも政党の要素が高くなっている傾向があることは無視できないと思います。日常活動を通じて、有権者の後援会加入まではいかなくとも、生活現場に入って地域住民の方々との信頼関係を醸成すること。ネットやＳＮＳなどあらゆるツールを活用して有権者とのコミュニケーションを図っていくこと。この両面がとても重要になってくると思います。

以上、本章では、各党の証言を見てきた。その結果、中小政党が置かれた地方議会選挙と地方政治の現状について、党派や与野党を超えた共通の課題や問題意識を当事者たちが認識している実態も浮き彫りとなった。そこでは、地方議員の属性の偏りやなり手不足の問題（候補者予備群のパイの縮小）があり、被選挙権年齢や選挙区定数を含めた地方議会議員選挙制度も参入機会の障壁の一つではないか、と十分に示唆させられた。すなわち、政治職のパイが大きい地方議会選挙レベルからの制度要因と非制度要因の両参入障壁は、党内組織風土と組織文化の在り方、そして規範・連帯感による凝集性形成への流れを考えると、人材のゲートキーパーの役割を持つ。これらの点については、今後も研究を重ね、別著で論じたい。

（1）高尾義明、前掲『はじめての経営組織論』一九四頁。
（2）同上、一九九頁。
（3）国民民主党 古川元久国会対策委員長（衆議院議員）へのインタビュー（二〇二二年八月一八日）。以下、特別な断りがない限り、同じものとする。
（4）国民民主党ＨＰ「ファーストの会及び都民ファーストの会との共通政策を発表」二〇二二年二月二八日 https://new-kokumin.jp/news/business/2022_0228_2（二〇二二年八月二日閲覧）。
（5）国民民主党ＨＰ「【選挙】国民民主党とファーストの会が参院選での相互推薦による選挙協力を発表」二〇二二年四月一日

https://new-kokumin.jp/news/business/2022_0401-2 （二〇二二年八月二日閲覧）。

（6）社会民主党 福島瑞穂党首（参議院議員）へのインタビュー（二〇二二年九月六日）。以下、特別な断りがない限り、同じものとする。

（7）社会民主党ＨＰ「【参院選２０２２】社民党都道府県別比例得票数（率）の推移」二〇二二年七月一五日 https://sdp.or.jp/sdp-paper/saninsen-result-2/ （二〇二二年一〇月九日閲覧）。

（8）公明党 石井啓一幹事長（衆議院議員）へのインタビュー（二〇二二年一〇月一四日）。以下、特別な断りがない限り、同じものとする。

（9）辻陽『日本の地方議会』中央公論新社、二〇一九年、一五九頁。

（10）ＮＨＫスペシャル取材班、前掲『地方議員は必要か　3万2千人の大アンケート』二五頁。

おわりに

今日の世界では、ネット経由での大量の情報があふれる情報多寡の時代にあり、誰もがＳＮＳを含めた発信主体となっている。多様な情報の中には、発信者自身だけに都合の良い情報、過激な主張及び意図的な誤情報が含まれる。繰り返し発信し、経済的収益の獲得、世論誘導などが試みられる。多くの人は、個々人の選好や嗜好に基づいてパーソナライズされ、類似した「心地よい」情報を受動的な姿勢で、日々繰り返し接する。利便性を求めた先には、有権者・政治家の両方において、単純化と分断が生じた。例えば韓国では、最高権力者の大統領自身がこの罠に陥り、戒厳令を宣布して権力が暴走した。

日本でも「何が真実であり、それをどう認知するのか」が難しい時代へ本格的に突入した。二〇二四年の兵庫県知事選挙では、定数一で争点も分かりやすい中、ＳＮＳ上で大量の真偽不明な情報が拡散され、事前の選挙予測と大きく異なる結果となった。今後、さらなるＡＩ技術の発達と普及がある。こうした大波に抗うためには、人々が能動的に知識（専門性と教養）を習得するしかほかになく、候補者予備群も例外ではない。

政党組織には、日本政治の質を担保する上で、候補者リクルートと候補者予備群・議員教育が問われている。今日の政治家に求められる資質は、マックス・ウェーバーの古典的な「情熱と責任感と判断力」では不十分だ。世間で「政治家が小粒になった」と称されることが多くなったが、その背後には選挙制度の作用だけでなく、候補者予備群のパイの縮小、議員数が多い議員政党が候補者予備群教育を本格化させ、経年したことに伴う「政治家の同質化」などの存在も無視できない。既に各章内で小括しており、ここでは未来の政党組織を考える上で、残された基盤的課題を端的に指摘したい。それは、党内外での相互コミュニケーションと共有手段の在り方である。社会とのリンケージの問題だけでなく、組織文化の維持・変革と規範・連帯感による凝集性の在り方にも直結している。

第一に、国民・住民と政党組織との間で、正確な知識や情報に基づくコミュニケーションの在り方を再建する必要がある。これは、各党が国政・地方選挙に「出したい人」の候補者予備群の人材を集めるためにも必須である。政治への信頼感と選挙の投票率は、「はじめに」で述べたとおり、ともに低い。政治的信頼の再構築が急務である。

第二に、国政・地方政治の両領域をまたがった党内における個々の議員・候補者や党員の知見の共有についてである。政党の集団知（国政・地方の両方を含む）が発揮できていないと感じる部分がある。共有手段としての党内コミュニケーションの活性化のため、デジタルＤＸ化、政党の建築設計・室内レイアウト、政党機関紙、地方も交えた公約作成作業、政党職員の人事制度などの改善が求められる。コミュニケーションを活性化することで、組織の垂直的・水平的な分化に伴う弊害を乗り越えることができる。

政党は、統治機構と市民社会との間で、リンケージの役割を今後も担う。意見の収集・集約やコミュニケーションの方向性は、党執行部からの一方通行であってはならない。日本は、課題先進国である。グローバル化による国際間でのつながり（ヒト、モノ、カネ、情報及び文化）が強まった一方で、地域に目を向けると、生産年齢人口の減少と少子高齢化に伴い、地域経済の停滞や衰退が無視できない。知恵を出し合って地域を維持していく必要がある。地域においてｐｕｂｌｉｃに関するコミュニティ空間を創出し、政党と市民が互いに知恵を絞ることは大切だ。政党は、メディアが取り上げにくいような住民レベルからの行政・立法需要の把握も可能である。各党とも党内の様々なリソースを有効活用できる余地がまだ残されている。

私たちは、ＶＵＣＡ（不安定性、不確実性、複雑性及び曖昧性）に直面する時代に生きている。それゆえ、現代の情報化した知識基盤社会では、集団・チームを軸に、新たな価値創造が世界的に求められる。問題は、この波が例外なく日本政治にも押し寄せているにもかかわらず、肝心の政党組織が適応しているか否かにある。望ましい文化を基盤に、時代に既した政党の経営戦略策定が求められる。

参考文献

紙面の都合上、ＨＰ（省庁、国会及び政党）、収支報告書、筆者が行ったインタビュー、先方からの文書回答、個別の行政・立法文書（報告書及び白書類を除く）、並びに党内文書の記載については、注を付しており、ここでの掲載を割愛する。各種報道機関の社名、記事名、日付及びＵＲＬなどについても同様である。


明るい選挙推進協会（公明選挙連盟）『統一地方選挙全国意識調査』（『統一地方選挙の実態』『統一地方選挙と有権者』）明るい選挙推進協会（公明選挙連盟）、各年。

浅羽隆史「［地方自治］権限と財源から見た地方自治」成蹊大学法学部［編］『教養としての政治学入門』筑摩書房、二〇一九年。

朝日新聞大阪社会部『ポスト橋下の時代　大阪維新はなぜ強いのか』朝日新聞出版、二〇一九年。

朝日新聞取材班『自壊する官邸』朝日新聞出版、二〇二一年。

アジア・パシフィック・イニシアティブ『新型コロナ対応・民間臨時調査会　調査・検証報告書』ディスカヴァー・トゥエンティワン、二〇二〇年。

アダム・スミス（山岡洋一［訳］）『国富論　国の豊かさの本質と原因についての研究』（上・下）日本経済新聞社、二〇〇七年。

飯尾潤「政党・選挙・政権公約」佐々木毅・21世紀臨調［編著］『平成デモクラシー　政治改革25年の歴史』講談社、二〇一三年。

飯尾潤『日本の統治構造』中央公論新社、二〇〇七年。

石川真澄『戦後政治史［新版］』岩波書店、二〇〇四年。

Ａ・パーネビアンコ（村上信一郎［訳］）『政党』ミネルヴァ書房、二〇〇五年。

エイミー・Ｃ・エドモンドソン（野津智子［訳］・村瀬俊朗［解説］）『恐れのない組織「心理的安全性」が学習・イノベーション・成長をもたらす』英治出版、二〇二一年。

ＮＨＫスペシャル取材班『地方議員は必要か　3万2千人の大アンケート』文藝春秋、二〇二〇年。

大山礼子『政治を再建する、いくつかの方法　政治制度から考える』日本経済新聞出版社、二〇一八年。

岡野裕元「日本共産党のマルチレベルにおける党内ガバナンス―候補者リクルート、地方議員教育、補佐・支援体制にも着目して―」『政治学論集』（三五）学習院大学大学院政治学研究科、二〇二二年。

岡野裕元「公明党の立体的政策形成――『ヨコ』関係の軸となる国会議員・地方議員・事務局との協働ネットワーク――」奥健太郎・黒澤良［編著］『官邸主導と自民党政治――小泉政権の史的検証』吉田書店、二〇二二年。

岡野裕元『都道府県議会選挙の研究』成文堂、二〇二二年。

音喜多駿「維新の会議（政調役員会）はこれから原則フルオープン＝ネット中継です」アゴラＡＧＯＲＡ　言論プラットフォーム、二〇二一年一二月八日
https://agora-web.jp/archives/2054223.html（二〇二二年七月一四日閲覧）。

海江田万里［編］『民主党政策ハンドブック』勉誠出版、二〇一四年。

金井利之『行政学講義――日本官僚制を解剖する』筑摩書房、二〇一八年。

行政管理研究センター「行政オフィス向けＡＢＷ型オフィス実証実験」二〇二〇年一一月三〇日。

https://www.iam.or.jp/data/abw.pdf
熊野公俊「Ｗｅｂ-ＧＡＢ対策を完全網羅―出題内容から突破のコツまで解説」ＰＯＲＴキャリア、二〇二三年三月二八日
https://www.theport.jp/portcareer/article/26444/（二〇二三年五月一三日閲覧）。

蔵前勝久『自民党の魔力　権力と執念のキメラ』朝日新聞出版、二〇二二年。

桑田耕太郎・田尾雅夫『組織論［補訂版］』有斐閣、二〇一〇年。

公明党機関紙委員会［編］『Ｋｏｍｅｉ　ｈａｎｄｂｏｏｋ　２０２２』公明党機関紙委員会、二〇二二年。

公明党機関紙委員会［編］『コロナ禍に挑む公明党の闘い　２０２０-２０２１』公明党機関紙委員会、二〇二一年。

笹部真理子『「自民党型政治」の形成・確立・展開―分権的組織と県連の多様性―』木鐸社、二〇一七年。

塩田潮『解剖　日本維新の会　大阪発「新型政党」の軌跡』平凡社、二〇二一年。

シュハリ・イニシアティブ［編］（廣済堂出版［編］）『国会便覧』シュハリ・イニシアティブ（廣済堂出版）、各年。

ジョン・キーン（森本醇［訳］）『デモクラシーの生と死』（上）みすず書房、二〇一三年。

ジリアン・テット（土方奈美［訳］）『サイロ・エフェクト　高度専門化社会の罠』文藝春秋、二〇一六年。

スティーブン・Ｐ・ロビンス（髙木晴夫［訳］）『組織行動のマネジメント　入門から実践へ［新版］』ダイヤモンド社、二〇〇九年。

砂原庸介『領域を超えない民主主義　地方政治における競争と民意』東京大学出版会、二〇二二年。

砂原庸介「政党の地方組織と地方議員の分析」建林正彦［編著］『政党組織の政治学』東洋経済新報社、二〇一三年。

関なおみ『保健所の「コロナ戦記」　ＴＯＫＹＯ二〇二〇―二〇二一』光文社、二〇二一年。

善教将大『維新支持の分析　ポピュリズムか、有権者の合理性か』有斐閣、二〇一八年。

千正康裕『ブラック霞が関』新潮社、二〇二〇年。

創価学会広報室『ＳＯＫＡ ＧＡＫＫＡＩ ＡＮＮＵＡＬ ＲＥＰＯＲＴ　２０２１年活動報告』創価学会広報室、二〇二二年。

曽我謙悟『日本の地方政府』中央公論新社、二〇一九年。

曽我謙悟「都道府県議会議員から見た県連組織の実態」建林正彦［編著］『政党組織の政治学』東洋経済新報社、二〇一三年。

高尾義明『はじめての経営組織論』有斐閣、二〇一九年。

竹中治堅「与党統制「首相支配」の浸透」アジア・パシフィック・イニシアティブ『検証　安倍政権　保守とリアリズムの政治』文藝春秋、二〇二二年。

竹中治堅『コロナ危機の政治』中央公論新社、二〇二〇年。

建林正彦「政権政党の組織的特徴」服部民夫・張達重［編］『日韓政治社会の比較分析』慶應義塾大学出版会、二〇〇六年。

辻陽『日本の地方議会』中央公論新社、二〇一九年。

辻元清美『国対委員長』集英社、二〇二〇年。

中北浩爾『日本共産党』中央公論新社、二〇二二年。

中北浩爾『自公政権とは何か』筑摩書房、二〇一九年。

中北浩爾『自民党―「一強」の実像』中央公論新社、二〇一七年。

中北浩爾『自民党政治の変容』ＮＨＫ出版、二〇一四年。

中野晃一『右傾化する日本政治』岩波書店、二〇一五年。

日経コンピュータ『なぜデジタル政府は失敗し続けるのか』日経ＢＰ社、二〇二一年。

日本共産党京都府委員会『京都府党一〇〇年のあゆみ』日本共産党京都府委員会、二〇二三年。

日本経済新聞社政治・外交グループ［編］『Ｒｅａｄｉｎｇ Ｊａｐａｎｅｓｅ Ｐｏｌｉｔｉｃｓ ｉｎ Ｄａｔａ データで読む日本政治』日経ＢＰ、二〇二二年。

根岸隆史・内藤亜美・岩崎太郎・徳田貴子・永簱舞衣「地方議会からの意見書（１）―参議院が受理した意見書の主な項目（令和２年）」『立法と調査』（四三五）参議院、二〇二一年。

野中尚人『さらばガラパゴス政治　決められる日本に作り直す』日本経済新聞出版社、二〇一三年。

橋場弦『民主主義の源流　古代アテネの実験』講談社、二〇一六年。

濱本真輔『日本の国会議員――政治改革後の限界と可能性』中央公論新社、二〇二二年。

濱本真輔『現代日本の政党政治――選挙制度改革は何をもたらしたのか』有斐閣、二〇一八年。

ハンナ・ピトキン（早川誠［訳］）『代表の概念』名古屋大学出版会、二〇一七年。

ピーター・Ｍ・センゲ（枝廣淳子・小田理一郎・中小路佳代子［訳］）『学習する組織　システム思考で未来を創造する』英治出版、二〇一一年。

フレデリック・ラルー（鈴木立哉［訳］）『ティール組織　マネジメントの常識を覆す次世代型組織の出現』英治出版、二〇一八年。

前田健太郎『女性のいない民主主義』岩波書店、二〇一九年。

前田幸男・濱本真輔「政権と政党組織」前田幸男・堤英敬［編著］『統治の条件　民主党に見る政権運営と党内統治』千倉書房、二〇一五年。

待鳥聡史『政治改革再考　変貌を遂げた国家の軌跡』新潮社、二〇二〇年。

マックス・ウェーバー（中山元［訳］）『職業としての政治／職業としての学問』日経ＢＰ社、二〇〇九年。

馬渡剛『戦後日本の地方議会―１９５５～２００８―』ミネルヴァ書房、二〇一〇年。

御厨貴『権力の館を歩く』毎日新聞社、二〇一〇年。

宮島喬［編］『岩波小辞典　社会学』岩波書店、二〇〇三年。

村松岐夫・伊藤光利『地方議員の研究「日本的政治風土」の主役たち』日本経済新聞社、一九八六年。

吉村洋文・松井一郎・上山信一『大阪から日本は変わる　中央集権打破への突破口』朝日新聞出版、二〇二〇年。

ロバート・A・ダール（高畠通敏・前田脩［訳］）『ポリアーキー』岩波書店、二〇一四年。

ロビン・ダンバー（藤井留美［訳］）『友達の数は何人？　ダンバー数とつながりの進化心理学』インターシフト、二〇一一年。

あとがき

本書は、朝日新聞社「論座」において、「『政党』としての公明党～一学究の徒の政治学研究」という連載（二〇二二年一月二八日～二〇二三年四月一九日、全二六回）を大幅に再構成し、書籍化したものである。連載執筆時の筆者は、三二～三四歳であり、まさにタイトルどおり「一学究の徒である若輩の政治学者」そのもので、「記者」のごとく現場を駆ける状況であった。社会的に与えられた環境や場において、自分が今できる最大限の知の還元とは何かを考え抜き、「頭は政治学者、足は記者、心は大学生」のつもりで社会的使命と捉えた。数多くの当事者へ各地で直接取材の機会が与えられたことは、学術研究レベルだけでなく、授業準備や学生との対話から生じた疑問を直接聞くことができ、政治の現場感覚も肌で感じてかなり良い勉強となった。大学生の感受性や考えることがぎりぎり分かる年齢でもあったため、「今しかない」とより確信に変わった。連載においては、全国数多くの読者の皆様に支えられ、改めて大変感謝を申し上げる。

連載記事の執筆と本書の出版に当たっては、吉田貴文様（朝日新聞社論座元編集長）、今田幸伸様（朝日新聞社）、阿部成一社長（成文堂）、飯村晃弘編集長（成文堂）、小宮京教授（青山学院大学）、木下広豊島区議（公明党）、中嶋義雄東京都議会議員（公明党）、公明党本部広報部、吉田富雄東京方面・都本部事務局長（公明党）、寺田茂京都府委員会副委員長（日本共産党）、青柳創造京都府委員会常任委員（日本共産党）、小川淳也衆議院議員（立憲民主党）、大滝敬貴党本部総務局部長（立憲民主党）、下村博文衆議院議員（自由民主党）、八木洋治東京都支部連合会事務総長（自由民

主党）、大西健介衆議院議員（立憲民主党）、高木陽介衆議院議員（公明党）、創価学会本部広報室、藤田文武衆議院議員（日本維新の会）、音喜多駿参議院議員（日本維新の会）、古川元久衆議院議員（国民民主党）、福島瑞穂参議院議員（社会民主党）、日本共産党中央委員会、石井啓一衆議院議員（公明党）、馬渡剛教授（茨城大学）、吉本正史機関紙委員長（公明党）、当該国会議員事務所の秘書の方々などの皆様に多大なる御協力を賜った。改めてここに記して感謝を申し上げる。

また、間接的には、泉健太衆議院議員（立憲民主党）、坂本孝治郎名誉教授（学習院大学）、岩田公雄先生（BS11報道ライブインサイドOUTキャスター）、佐藤敦子様（BS11）、菅原普様（朝日新聞社）、箕浦龍一様（公務部門ワークスタイル改革研究会）、黒須裕章先輩、石川伸子様、学習院桜友会法学部同窓会などからも何かと助言やヒントを頂戴し、お世話になった。

最後に、筆者の現職である一般財団法人 行政管理研究センターにおいて、勉強の機会を与えてくださった渡会修理事長、松田綱児常務理事、加藤義彦元常務理事、村松岐夫所長にお礼申し上げたい。同じ職場出身の黒澤良先輩、金今善准教授（國學院大學）、宮森征司准教授（新潟大学）、山田徹先輩からも何かと応援していただき、大変有り難かった。

こうして年月を費やしながらも多くの人に支えられ、チームプレーにより、本書がついに日の目をみるに至った。筆者が最も大切にしていることは、何事も全体から見たバランス感覚である。昭和天皇の次の言葉は、深く考えさせられるものがある。

物事を改革するには自ら緩急の順序がある。かの振り子が滑らかに動くのは静かにこれを動かす結果である。急激にこれを動かせば必ず狂う。この振り子の原理は予の深く常に留意する所である。改革しても反動が起こるようでは困る。

（木下道雄『側近日誌』文藝春秋、一九九〇年）

二〇二五（令和七）年一月七日　芹乃栄

湯島にて一学究の徒として　岡野　裕元

著者紹介

岡野 裕元（おかの ひろもと）

1989年、千葉県佐倉市出身。2019年3月、学習院大学大学院政治学研究科政治学専攻博士後期課程修了、博士（政治学）。青山学院大学文学部・学習院大学法学部非常勤講師なども経て、現在、一般財団法人行政管理研究センター研究員。

主要な著書として『都道府県議会選挙の研究』（成文堂、2022年）、『官邸主導と自民党政治――小泉政権の史的検証』（共著、吉田書店、2022年）などがある。また、朝日新聞社「論座」において連載（2022年1月～2023年4月）。

政党経営文化論

2025年2月15日　初版第1刷発行

著　者　岡　野　裕　元

発行者　阿　部　成　一

〒162-0051 東京都新宿区西早稲田1-9-38

発行所　株式会社　成　文　堂

電話 03(3203)9201　Fax 03(3203)9206

https://www.seibundoh.co.jp

製版・印刷　三報社印刷　　製本　弘伸製本

ISBN978-4-7923-3450-5　C3031

定価（本体2,500円＋税）